W0386444

J E N S E I T S   D E S   O Z E A N S

Es ist das einzige Land der Welt, wo der Fremde nicht gefragt wird: «Wie gefällt es Ihnen hier?» Das ist wirklich ein großer Vorzug. Hier bestreitet der Bürger selbst das Gespräch über sein Land; der Fremde wird nicht zur Unterstützung aufgefordert. Man bekommt alle möglichen Auskünfte. Der eine Einwohner vermittelt einem die Vorstellung, zuerst sei MAURITIUS geschaffen worden und dann der Himmel; und zwar der Himmel nach dem Vorbild von Mauritius. □ Mark Twain

Auf der Ile aux Cerfs, wenige hundert Meter vor der Ostküste von Mauritius, gibt es herrliche Sandstrände.

Der Stoff, aus dem die Träume sind: puderfeiner Sand, eine blaue Lagune und Palmen; hier am Strand bei Poste de Flacq.

JENSEITS DES OZEANS

MAURITIUS

Fotografie Fritz Dressler
Text Ulrich Fleischmann · Eberhard B. Freise

BUCHER

MAURITIUS: REICH AN FARBEN UND KULTUREN

Ulrich Fleischmann

Vorposten auf dem Weg nach Indien 12

Der falsche Glanz einer großen Zeit 16

Paul und Virginie:
Ein Loblied auf die reine Liebe 21

Inbegriff der Lebenslust: Die Séga 25

Die Freiheit der Meere:
Piraten und Korsaren im Indischen Ozean 28

Viele Völker und eine Königin 31

Dodo oder der «Kuckuck mit Nähten» 36

Babylonische Türme 38

Mohammed, Buddha und Shiva:
Viele Religionen – viele Feste 45

Lebendige indische Kultur 48

Bizarre Berge und Teeplantagen 51

Märchenwelt unter Wasser:
Die Korallenriffe und ihre Bewohner 53

Zwischen Land und Wasser 54

Ein schwankendes Boot 58

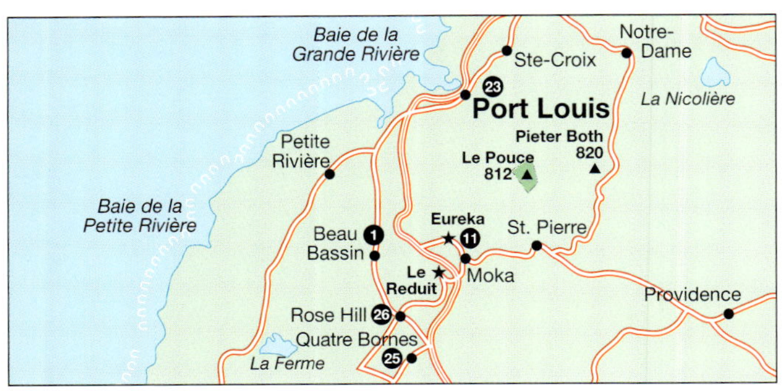

Linke Seite: Blick auf den Morne Brabant. – Rechte Seite: Landestypisch und geschmackvoll: Hotelarchitektur auf Mauritius (links). In Port Louis (Mitte oben). – Die Lagune ist ein beliebter «Kinderspielplatz» (Mitte unten). – Im Inland gibt es Rinderfarmen (rechts).

PLANEN · REISEN · GENIESSEN

Eberhard B. Freise

Allgemeine Informationen 62

Karte von Mauritius 63

Maße und Zahlen auf einen Blick 64

Fauna und Flora · Klima/Reisezeit 64

Bevölkerung und Sprachen 65

Land unter: Zyklone im Indischen Ozean 65

Die kreolischen Sprachen 66

Politisches System · Wirtschaft 66

Auskünfte · Einreise · Gesundheit 67

Unterwegs in Mauritius 67

Mit dem Windjammer rund um die Insel 67

Übernachten 68

Hochzeit unter Palmen 68

Essen und Trinken 69

Sport in Mauritius 69

Einkaufen 69

Der große Markt von Port Louis 70

Orte und Sehenswürdigkeiten von A bis Z 71

Insel im Aufbruch: Rodrigues 74

Karte von Rodrigues 74

Ausflug in die Kolonialzeit 76

Karte von Port Louis 77

Jockeys, Pferde und viel Geld 77

Die «Rote» und die «Blaue Mauritius» 79

Zur schnellen Orientierung – Stichwortverzeichnis 87

Impressum · Text- und Bildnachweis 88

Bauern bei der Feldarbeit auf der Insel Rodrigues, der «kleinen Schwester» von Mauritius.

Nach Vulkanausbrüchen von der Erosion modelliert: die bergige Landschaft des Zentralplateaus im Südosten.

MAURITIUS: REICH AN FARBEN UND KULTUREN

Im Vielvölkerstaat Mauritius leben rund 30 Prozent Kreolen. Doch nicht alle sind, wie diese junge Dame, reinrassige Nachkommen der Schwarzafrikaner, die als Sklaven für die Zuckerrohrfelder auf die Insel kamen. Auch hellhäutige Mischlinge zählt man dazu.

Tage- und wochenlang nur das tiefblaue und immer bewegte Wasser des Indischen Ozeans, und nun plötzlich am Horizont grüne Bergrücken und eine unbestimmte Küstenlinie: So mag die Insel den Seeleuten der arabischen Dhaus erschienen sein, die sie ab dem 10. Jahrhundert mehrmals besuchten. Der Anblick bedeutete für sie zweierlei: erstens Gefahr, denn wie viele Landflecken in diesem Meer werden die meisten Küstensäume dieser großen Insel, die sie *Dina mozare* oder *Dina mashriq* (= die östliche Insel) nannten, von einem gefährlichen Korallenriff geschützt. Fand man aber den Durchlaß, so winkten Tage der Ruhe, frisches Wasser, wilde Früchte und Schildkrötenfleisch, während das Schiff in dem glatten, türkisblauen Wasser der Lagune dümpelte. Die arabischen Seeleute waren jedoch keine Kolonisten, sondern Kaufleute und Forscher, und so finden sich keine Spuren dieser ersten Besucher auf der Insel, die aber nichtsdestoweniger auf den arabischen Karten der Region verzeichnet war.

Die Portugiesen waren die ersten Europäer, die es wagten, sich die Weltkenntnis der Araber zunutze zu machen. Mit dem Ziel, in den lukrativen Gewürzhandel einzusteigen, tasteten sie sich ab 1440 die unbekannte westafrikanische Küste mit ihren wirklichen und eingebildeten Gefahren entlang und eröffneten sich 1488 durch die Umrundung des Kaps der Guten Hoffnung Zugang zu den arabischen Seehandelsrouten zwischen Ostafrika und Indien. Ab 1511 erscheint Mauritius als *Cirne* in der europäischen Weltkenntnis, im gleichen Jahr wie *Santa Apolonia,* das heutige Réunion, und 1538 vervollständigt *Rodrigues,* heute eine Dependenz von Mauritius, das verstreute Dreigestirn von Inseln, das nach dem portugiesischen Seefahrer Pedro Mascarenhas die Maskarenen genannt wird. Doch über eine Neubenennung kommen auch die Portugiesen nicht hinaus: Was sie interessiert, ist Gewürzhandel und Piraterie; die Inseln liegen außerhalb der «carreira», der Route, und dienen nur als Ruheplatz, Versteck und Versorgungsstation – eine Tragödie für die Landschildkröten, die man als Frischfleischvorrat auf die Schiffe bringt.

VORPOSTEN AUF DEM WEG NACH INDIEN

Eine unbewohnte tropische Insel mit bester Vulkanerde, damals noch über und über bewachsen mit bestem Schiffbauholz: Es konnte nicht lange dauern, bis sich die kolonisierenden Nationen um diese Zwischenstation auf dem langen Weg nach Indien zu balgen begannen. 1598 kommen zum erstenmal Schiffe der holländischen Ostindischen Gesellschaft, und aus «Cirne» wird, zu Ehren des Prinzen Moritz von Nassau, Mauritius. Im Jahr 1613 legen die Engländer an und 1622 sogar dänische Holzfäller, so daß die Holländer nun diese Station zwischen Kap (Südafrika) und Batavia (Java) sichern möchten.

Urlaubsstimmung unter Palmen am Strand von Belle Mare. Obwohl viele Strände von Mauritius mit Palmen bepflanzt sind, sind die Tropenklassiker nicht typisch für die Insel. Ihre hohen, schlanken Stämme brechen zu leicht, wenn ein Zyklon über die Insel fegt.

Seit fast 200 Jahren finden auf den Champs de Mars von Port Louis Pferderennen statt. Noch heute sind sie ein gesellschaftliches Ereignis, das zahlreiche Besucher anzieht.

Doch ihre im Jahr 1638 gegründete jämmerliche Siedlung floriert trotz ihres großen Namens – Fort Fredrik Hendrik – nicht: Sträflinge und Sklaven sind keine gute Mischung für eine Gemeinschaft. Ackerland muß mühsam dem Urwald abgerungen werden, es fehlt an Frauen, und die Einsamkeit macht alle verrückt, sogar die holländischen Kommandanten, die sich nur noch in Exzesse der Brutalität retten. 1710 geben die Holländer ihre Siedlungen auf. Auf der Insel bleiben der Hirsch und das Zuckerrohr zurück – beides hatten sie von Java mitgebracht und auf Mauritius heimisch gemacht.

Auf der Halbinsel Morne Brabant im Südwesten von Mauritius verlocken Traumstrände zum Faulenzen; das bergige Hinterland bietet sich für Ausflüge an.

So mußte die Insel zu Beginn des 18. Jahrhunderts, unter dem wieder neuen Namen Ile de France – Insel Frankreichs –, noch einmal ihren Eintritt in die Weltgeschichte versuchen, doch diesmal waren die Ausgangsbedingungen besser. Frankreich versuchte sich als Weltmacht in der Region: Mit Pondicherry in Indien und Fort-Dauphin auf Madagaskar hatte die französische Ostindien-Gesellschaft begonnen, sich sichere Handelsrouten im Orient aufzubauen. Als Zwischenstation diente bereits das nun ebenfalls feudal in Ile de Bourbon umbenannte heutige Réunion, das jedoch keinen sicheren Hafen aufwies. Als Trumpfkarte in diesem Monopoly der strategischen Positionen erschien den Franzosen Mauritius, das trotz der Verwüstungen durch erste Kolonisationsversuche eine große Zukunft ahnen ließ.

Anders als auf dem gebirgigen Bourbon gab es hier weite und fruchtbare Ebenen, geeignet für eine Kultur, die man bereits in der Karibik mit Erfolg ausprobiert

Der späte Nachmittag ist eine gute Zeit für einen Aperitif. «Happy Hour» mit einem Gläschen Sekt im Garten des Hotels Shandrani an der Ostküste.

Ein gemütliches Plätzchen unter einem schattigen Baum. Die Mauritianer strahlen eine ungebrochene Lebensfreude aus und begegnen Fremden mit großer Freundlichkeit.

hatte: den Anbau von Zuckerrohr, unterhalten durch die Arbeit schwarzer Sklaven. Die Bedeutung der neuen Kolonie wurde noch unterstrichen, als man ihr 1735 als Gouverneur einen der bekanntesten Männer der Zeit zuwies – Mahé de Labourdonnais, Politiker, Entdecker und Allroundtalent. Er führte eine merkwürdige und schicksalhafte Arbeitsteilung zwischen den Inseln ein: Die mit französischen Kleinbauern besiedelte Insel Bourbon konnte weiterhin Proviant – hauptsächlich Kaffee und Lebensmittel – für die durchziehenden Schiffe produzieren; die Ile de France aber sollte dem kolonialen Traum der Epoche entsprechen. Sie wurde für Zuckerrohrplantagen parzelliert und zum großen Hafen und zur Werft für die ganze Region ausgebaut.

Frankreichs Traum vom großen indischen Kolonialreich erlitt in den folgenden hundert Jahren ein wechselvolles Schicksal, das immer wieder auch Mauritius, den Vorposten im Indischen Ozean, überschattete.

Mit dem Siebenjährigen Krieg setzte England sich endgültig in Indien durch, Frankreich fügte seinen Inseln im Indischen Ozean die Komoren, Rodrigues, die Seychellen hinzu und gewann auf Madagaskar an Boden. England war am Ziel, Frankreich beherrschte die Zufahrtswege – Anlaß ständiger Scharmützel im Indischen Ozean, die dazu führten, daß Frankreich 1810 und 1811 alle Inseln an England verlor. Lediglich Bourbon, die wertlose «Bauerninsel», erhielten die Franzosen als Gnadenerweis zurück. Von nun an war die Ile de France englisch und nannte sich wieder Mauritius.

DER FALSCHE GLANZ EINER GROSSEN ZEIT

Ein romantisches Jahrhundert hindurch weinten die Damen der besseren Gesellschaft Europas über das Schicksal von Paul und Virginie, den beiden literarischen Naturkindern, die der verschrobene französische Ingenieur Jacques-Henri Bernardin de Saint-Pierre 1788 in die Welt entließ. Das ebenso idyllische wie traurige Geschehen dieses schmalen Romans, eines kuriosen Nebenprodukts einer voluminösen Naturgeschichte, entfaltet sich vor der grandiosen Naturszenerie der damaligen Ile de France: In einem abgeschiedenen Tal ziehen zwei ehrbare, vom Schicksal geschlagene Frauen ihre Kinder jenseits von Gut und Böse und im Einklang mit der Natur auf, und so lieben sich Paul und Virginie auf die natürlichste Weise. Unglücklicherweise hat die Mutter Virginies das Glück, Geld zu erben, und Mahé de Labourdonnais selbst setzt sich dafür ein, daß das Mädchen nun eine standesgemäße Erziehung in Frankreich bekommen sollte. Sehnsuchtsvoll überlebt Virginie die Zeit in der Zivilisation, doch das Schiff, das sie zurückbringt, versinkt vor der Küste der Insel und mit ihm das keusche Mädchen, das sich nicht seiner Kleider entledigen will, um sich zu retten. *(Siehe auch Seite 21.)*

Vieles erscheint heute absurd an der Geschichte. Auch könnte die Erzählung von ihrer philosophischen Essenz her überall auf der Welt spielen, wäre sie nicht auf widersprüchliche Weise mit der Geschichte von Mauritius verwoben. Nicht nur das Auftreten von Labourdonnais als gütigem Landesvater knüpft an einen der Mythen der Zeit an; auch der Untergang des Schiffs, der «Saint-Géran», 1744 vor der Ile d'Ambre im Nordosten von Mauritius war eines der markantesten Ereignisse des Jahrhunderts, nicht wegen des Todes von Virginie, sondern weil auch ein ganzer Schatz an Piasterstücken versank und der Mangel an Bargeld mit inflationärem Papiergeld aufgewogen werden mußte. Nicht zuletzt kannte Bernardin de Saint-Pierre die Ile de France von einem Besuch zwischen 1768 und 1770 – er schildert in einem Reisebericht voll Entsetzen die Qualen der Sklaverei, die sich in nichts von denen der Karibik unterscheiden. Die «glückliche Insel» von Paul und Virginie war eben auch ein Ort der Armut und des Schreckens, ein gottverlassenes Stück Erde, das nur Zucker produzierte und auf dem die Menschen hilflos dem Hunger ausgeliefert waren, wenn die ständigen Querelen mit den Engländern den Schiffsverkehr unterbrachen oder wenn Piraten die Vorratslager plünderten.

In jenem Jahrhundert hatte Mauritius das Gesicht bekommen, das die folgenden fast drei Jahrhunderte englischer Geschichte nicht zu übertünchen vermochten. Es kommen etwa tausend französische Familien auf die

Im tropischen Klima der Insel gedeiht eine üppige Flora. Die wachsartigen Blütenblätter der Flamingoblume zeigen ein leuchtendes Rot; ihre fingerartigen Blütenkolben können auch weiß oder gelb sein.

Die Früchte der Azarole, auch Welsche Mispel genannt, sind etwa kirschgroß und eßbar. Der Extrakt aus diesen Früchten wird für Arzneimittel verwendet.

Die Wochenmärkte bieten ein reichhaltiges Angebot an exotischen Gemüsen. Vieles davon ist bei uns unbekannt wie das Kürbisgewächs Chayote, das wie ein Gemüse zubereitet wird.

Fortsetzung Seite 22

Kürbisse sind eines der meistgegessenen Gemüse auf Mauritius, und es gibt sie nicht nur in zahlreichen Zubereitungsarten, sondern auch in vielen Formen und Farben.

Selbstgemachte Chutneys, Chili- und Kräutersaucen, ein paar Zitronen vom Baum aus dem Garten und geflochtene Körbchen und Taschen: Mit ein paar Handgriffen läßt sich selbst auf einem Moped ein kleiner Verkaufsstand installieren.

Bei dem üppigen Angebot auf dem Markt in Quatre Bornes kann man wählerisch sein.

Das Denkmal in Poudre d'Or erinnert an die «Saint Géran», die im Jahr 1744 vor der Nordostküste Schiffbruch erlitt. Das Unglück, das Bernardin de Saint-Pierre in seinem Roman «Paul et Virginie» literarisch verarbeitete, lebt noch heute in der Erinnerung der Mauritianer fort.

PAUL UND VIRGINIE

Ein Loblied auf die reine Liebe

Auf Mauritius kennt noch heute jedes Kind die rührende Liebesgeschichte von «Paul und Virginie», die Bernardin de Saint-Pierre 1788 verfaßte. Am Beginn des Romans erzählt er, wie es Virginies Mutter nach Mauritius verschlug, und beschreibt die Schauplätze der Handlung: die Hütten, in denen die beiden Liebenden aufwuchsen, das Kap, vor dem Virginies Schiff unterging, und die Bucht, in der ihr Grab liegen soll. (Siehe auch Seite 16.)

An dem östlichen Abhang des Berges, welcher sich hinter Port-Louis auf Ile-de-France erhebt, sieht man auf einem früher angebauten Felde die Trümmer von zwei kleinen Hütten. Sie liegen beinahe in der Mitte eines von großen Felsen gebildeten Beckens, welches nur nach der Nordseite hin einen Ausgang hat. Links erblickt man den Entdeckungsberg, von dessen Gipfel aus die an der Insel landenden Schiffe durch Signale angekündigt werden, und am Fuße dieses Berges, die Stadt Port-Louis, rechts den Weg, der von Port-Louis nach dem Viertel der Pampelmosen führt, dann die in der Mitte einer weiten Ebene emporragende Kirche dieses Viertels, mit ihren von Bambus beschatteten Zugängen, und noch weiter hin einen Wald, der sich bis zum äußersten Ende der Insel erstreckt. Vor sich am Meeresufer sieht man die Grabesbucht; ein wenig rechts das Unglückskap, und darüber hin das weite Meer, in dem sich einige unbewohnte Inselchen nur wenig über die Wasserfläche erheben. [...] 1726 entschloß sich ein junger Mann aus der Normandie, namens de la Tour, auf dieser Insel sein Glück zu versuchen, nachdem er vergeblich um Dienste in Frankreich und um Hilfe bei seiner Familie nachgesucht hatte. Er brachte eine junge Frau mit, welche ihm über alles teuer war und ihn aufs Zärtlichste liebte. Sie stammte aus einem alten und reichen Hause jener Provinz; aber er hatte sie insgeheim und ohne Mitgift geheiratet, denn die Verwandten seiner Frau verweigerten die Einwilligung zu dieser Verbindung, weil er nicht vom Adel war. Er ließ sie in Port-Louis und schiffte sich nach Madagaskar ein, in der Absicht dort einige Schwarze zu kaufen und schnell zurückzukehren, um hier eine Pflanzung anzulegen. Er landete auf Madagaskar zur schlechten Jahreszeit, die um Mitte Oktober beginnt, und starb kurze Zeit nach seiner Ankunft an dem pestartigen Fieber, welches während der Hälfte des Jahres dort herrscht und immer die europäischen Nationen abhalten wird, auf dieser Insel feste Niederlassungen zu gründen. Alles, was er mitgenommen hatte, Geld und andere Habseligkeiten, gingen verloren, wie es gewöhnlich bei denen der Fall ist, die in der Fremde sterben. Der ganze Reichtum seiner Frau, welche auf Ile-de-France, wo sie weder Kredit noch Empfehlungen besaß, nun ihrer Niederkunft entgegen sah, bestand in einer Negerin. Nach dem Tode dessen, der ihr über alles teuer war, wollte sie keines Menschen Hilfe in Anspruch nehmen, sondern beschloß mutig, trotz ihres Unglücks, mit ihrer Negerin ein kleines Feld anzubauen, um sich ihren Lebensunterhalt zu erwerben.

Das Liebespaar in einer Illustration der Pariser Ausgabe von 1806 (oben) und als Brunnenfiguren in Curepipe (unten).

Direkt am Strand, im Schatten der Bäume, reparieren diese Fischer ihr Boot. Noch heute bauen die Einheimischen auf Mauritius ihre Holzboote selbst.

Insel. Sie teilen das fruchtbare Land unter sich auf oder etablieren sich in Grand-Port, der damaligen Hauptstadt und dem «großen Hafen» von Port Louis, wo die Korsaren, des Königs Freibeuter, anlanden, was immer sie

englischen oder holländischen Schiffen abnehmen konnten. Festungen und Straßen werden ausgebaut; das Zuckerrohr, das sich nach vielen Versuchen als das profitabelste Produkt erweist, dringt als ungeheure grüne Woge über die Ebenen in das Hügelland vor. Die unendlichen Wälder mit Edelhölzern, viele der einheimischen Tierarten – allen voran der Dodo, ein Hühnervogel, größer als der Truthahn – verschwinden für immer und machen einer Kulturlandschaft Platz. Am Rande der Landgüter entstehen die Herrenhäuser, luxuriöse Holzpaläste oder sogar kleine Schlösser, die man noch heute bewundern kann. Sollten sie mit ihren oft poetischen Namen – Amitié (Freundschaft) oder Solitude (Einsamkeit) – eine Idylle wie die von Paul und Virginie heraufbeschwören? Die Realität war eine andere: Für die Arbeit im Zuckerrohr waren, nach der Auffassung der Zeit, Sklaven unerläßlich, und die konnte man leicht von der ostafrikanischen Küste, aus Madagaskar oder aus Mosambik beziehen. 1767 sind es bereits fast zehnmal so viele wie die weißen Herren, und das bedeutet auch Angst: Unruhen, sogar Aufstände sind zu befürchten, Auflehnung oder Flucht werden immer drakonischer bestraft, zum Beispiel durch Auspeitschen oder Abschneiden der Ohren, die erbarmungslose Gesetzgebung erlaubt sogar das Durchschneiden der Kniekehlen.

Auf der Halbinsel Morne Brabant wird gerade der Fang an Land gebracht – ein großer Marlin. Hochseeangler finden in den tiefen Gewässern außerhalb des Korallenriffs ein ideales Revier.

Von Grand Baie, dem touristischen Zentrum im Nordwesten der Insel, läuft die «Isla Mauritia» zu Kreuzfahrten aus. Der Windjammer aus dem 19. Jahrhundert fährt auch zu Schnorcheltouren aufs Meer hinaus.

Bernardin de Saint-Pierre hat in seinem Reisebericht die Verwaltung und die Sklavenhalter bitter angeklagt, doch bekannt wurde nur seine Novelle, die die wachsenden sozialen Probleme verniedlicht: Auch die Naturkinder Paul und Virginie haben Sklaven zu ihrer Verfügung. Dem Harmoniebedürfnis des Autors entsprechend, sind die beiden naiv wie Kinder, die sich nicht nur gegenseitig herzlich lieben, sondern vor allem ihre Herrschaft genießen, durch die ihnen alle erdenklichen Wohltaten zukommen. Jeglicher Protest oder gar ein Freiheitsbedürfnis bleiben hier ausgeschlossen, sie haben in dem Idyll der Insel keinen Platz.

Warum sind für die Mauritianer Paul und Virginie, die Produkte der europäischen Sehnsucht nach Naturidyllen, so wichtig geworden? Warum finden sich Anspielungen darauf in der ganzen Literatur der Insel, warum tragen Cafés und Pensionen ihre Namen, warum hat man Bernardin de Saint-Pierre Statuen errichtet wie im Botanischen Garten von Pamplemousses?

Bernardins Epoche, das 18. Jahrhundert, ist für die Menschen von heute zu einer Traumzeit geworden: das große französische Jahrhundert, fern der banalen «englischen» Realität von heute. Eine einsame Insel, belastet mit sozialen und wirtschaftlichen Problemen, in einem strategisch wichtigen Meer, hat sich ihre mythische Vergangenheit gewählt. Wohl sind heute 60 Prozent der Einwohner indischer Abstammung und sprechen indische Sprachen – sie kamen in englischer Zeit, um die befreiten Sklaven zu ersetzen –, doch wenn sie aus ih-

Von der Halbinsel Morne Brabant starten die Schiffe zum Hochseeangeln. Der Fang, hier ein Bonito, wird dann am Kai gewogen und sein Gewicht auf einer Tafel eingetragen.

Badeleben am Indischen Ozean. Bei Belle Mare an der Ostküste erstreckt sich einer der schönsten feinsandigen Strände der ganzen Insel. Der freie Zugang zu allen Stränden ist gesetzlich verankert.

An den Stränden der Insel gibt es keine starke Brandung, da sich die Wellen des Indischen Ozeans bereits an den Korallenriffen vor Mauritius brechen. So ist das Baden auch für Kinder ungefährlich.

Fast ganz Mauritius ist von einem Saumriff umgeben, das sich wie ein Gürtel schützend um die Insel und ihre Lagune legt. In der Nähe der meisten Hotels gibt es Tauchschulen, mit denen man zum Schnorcheln und zum Tauchen ans Riff hinausfahren kann.

Wer sich nicht so gern kopfüber ins (warme) Naß wagt, kann auch bei einem Ausflug mit dem Glasbodenboot einen Blick in die farbenprächtige Unterwasserwelt werfen oder einfach eine Segelpartie machen.

rer indischen Gemeinschaft heraustreten, verwenden auch sie das singende Französisch-Kreolisch aus dem 18. Jahrhundert und lesen, heimlich oder offen, die traurige Geschichte der Liebenden Paul und Virginie.

INBEGRIFF DER LEBENSLUST: DIE SÉGA

Die Weißen und die Schwarzen – einstmals Herren und Sklaven – wie auch die verschiedenen Mischlinge sehen sich heute, der offiziellen Benennung in der Verwaltung und den Volkszählungen zufolge, als «population générale», als «allgemeine Bevölkerung», vereint. Sie bilden eine Minderheit von 28 Prozent, eine Art «Urbevölkerung», abgegrenzt von den erst später eingewanderten indischen Gruppen, die heute im öffentlichen Leben als Mittelstand eine weit wichtigere Rolle spielen. Auch auf kulturellem Gebiet fallen die Inder viel mehr auf: Den farbenfrohen, figuren- und symbolreichen Tempeln, den komplexen Kulten und Tänzen mit ihrer raffinierten musikalischen Untermalung können die weißen und schwarzen Kreolen scheinbar nichts Vergleichbares entgegensetzen. Und doch verfügen sie über etwas, was Touristen wie Einheimische gleichermaßen als Inbegriff der mauritianischen Seele und der hiesigen Lebenslust verstehen: die Séga.

Sie ist bescheidener Herkunft: Wenn abends die Sklaven von den Zuckerrohrfeldern zurückgekehrt waren, stand ihnen nicht viel zur Verfügung, um die während des Tages erzwungene Unterwerfung zumindest für einige Stunden vergessen zu machen: eine große mit Ziegenfell bespannte Trommel, die Ravane, ein Stück Eisen, das als Triangel geschlagen wurde, und ähnlich einfache Rhythmusinstrumente. Die schnelle und heiße Musik der Séga, die sie aus Ostafrika mitgebracht hatten, bedeutete Entspannung, vielleicht ein erotisches Abenteuer, das durch die Schritte und die Bewegungen der Tanzenden angedeutet wurde, vor allem aber ein Gemeinschaftserlebnis. Was die Herren mit gemischten Gefühlen sahen. Trotzdem ließ sich die Séga weder verbieten noch unterdrücken. Sie flammte immer wieder woanders auf, wanderte von den Plantagen in die Fischerdörfer und das Hügelland, und noch heute bringt der «Ségatier» abends seine große Trommel ans Feuer, um sie in der Hitze neu zu spannen. Der weiße Rum macht dann die Runde in einer langen, lauen Nacht des Tanzens, das bis zum Morgengrauen dauern kann.

Heute hat die Séga andere, neue Formen der Existenz gefunden, vor allem in der professionellen Kapelle, für die die elektrische Gitarre nur ein Teil einer aufwendigen technischen Ausrüstung ist. Ihr Auskommen erspielen sich die modernen Ségatiers in Nachtklubs, auf Tanzfesten und vor allem in den großen Hotels, wo

In der flachen Küstenzone der Insel changiert die Farbe des Meeres in allen Grüntönen.

DIE FREIHEIT DER MEERE

Piraten und Korsaren im Indischen Ozean

Im 18. Jahrhundert war der Indische Ozean eines der lukrativsten Reviere von Piraten und Korsaren und die kleine Insel Mauritius einer ihrer Stützpunkte. Die vielbefahrenen Seehandelsrouten nach Indien und dem Fernen Osten versprachen reiche Beute und lockten berühmte Seeräuber an, wie «La Buse», den Bussard, oder Robert Surcouf, den «König der Korsaren».

Es war ein historischer Augenblick, als 1730 angesichts einer jauchzenden Menge der letzte der großen französischen Piraten, La Buse, in Saint-Denis gehenkt wurde. Den Strick bereits um den Hals, so will es die Legende, zog er eine Karte vom Versteck seiner Schätze aus der Tasche und warf sie in die Menge. Natürlich waren die Angaben darauf verschlüsselt, so daß bis heute nicht klar ist, wo man suchen muß: auf Mauritius, auf den Seychellen oder einer der vielen kleinen Inseln des Indischen Ozeans?

Im Angedenken der Inselbewohner erscheinen La Buse und seine Mitstreiter keineswegs als Bösewichter. Sie hatten sich sehr wohl davor gehütet, die Niederlassungen auf den Inseln anzugreifen; ihre Beute waren vielmehr die Kauffahrtei-Schiffe der reichen Ostindien-Gesellschaften, die mit blanker Waffe angegriffen und geentert wurden. Danach liefen die wilden Gesellen die Küsten von Mauritius und Réunion an, um einen Teil ihrer Beute gegen Lebensmittel und anderes Lebensnotwendige einzutauschen – und auch ihre Gefangenen gegen Lösegeld freizulassen. Dieser geheime und für beide Seiten vorteilhafte Handel war für die armseligen Küstendörfer ein hochwillkommenes Schlupfloch: Damit konnte das kostspielige Handelsmonopol der französischen Schiffe umgangen werden, und zugleich bedeuteten die Piratenschiffe den einzigen Fluchtweg für Sklaven und andere, die des Kolonialregiments überdrüssig geworden waren. So entstand der Mythos der rauhbeinigen und fröhlichen «Brüder der Küste», die genau die Freiheit der Meere lebten, die die Auswanderer vergeblich gesucht hatten. Ein Teil dieses Mythos war die «Piraten-Republik» Libertalia, ein anarchisches Gemeinwesen auf der Insel Madagaskar, in dem keine Rassen- und Standesunterschiede galten.

Die Hinrichtung von La Buse war Schlußpunkt eines langen Traums von der großen Freiheit, der im 16. Jahrhundert auf den Antillen begonnen hatte und nun durch die zunehmende Beherrschung und Besiedelung der ganzen Welt zu Ende ging. Dennoch flammte eine nun staatlich genehmigte Seeräuberei auch in den folgenden Jahrhunderten immer wieder auf: Wann immer einer der vielen Kriege zwischen England und Frankreich ausbrach, waren die Korsaren, offiziell bestallte und mit einem «Letter of Corse», einem Freibeuterbrief, ausgestattete Kriegsschiffe, wichtiger Teil der Strategie, mit der man den kolonialen Handel mit Indien lahmlegte.

Aber auch für die Auftraggeber selbst blieb diese legalisierte Seeräuberei ein Spiel mit dem Feuer: Wer die Freiheit der Meere geschnuppert hatte, ließ sich nicht so leicht wieder unter Kontrolle bringen. Beispiel für die hierdurch entstehenden Zwistigkeiten war der berühmte Robert Surcouf, der «König der Korsaren», während der Napoleonischen Kriege gegen England: In wahrhaft königlicher Manier entzog er sich denn auch den Befehlen der französischen Admiralität, die gern sein Schiff, die «Revenant» (ein 300-Tonnen-Schiff mit immerhin 150 Mann Besatzung!) in ihre ostindische Flotte einbezogen hätte. Anders als La Buse konnte man Surcouf nicht hängen, doch immerhin gelang es, ihn 1808 ins Mutterland abzuschieben. Dies erwies sich als Eigentor: Zum einen wurde Surcouf nun zum ungerecht verfolgten Volkshelden hochstilisiert, und zum anderen zeigte sich, daß die «Revenant» ohne ihren Kapitän nichts mehr wert war. *Ulrich Fleischmann*

Denkmal für Robert Surcouf in seiner Heimatstadt Saint Malo (oben). – Handelsschiffe segelten zur Sicherheit oft in Konvois (unten).

Flaute vor der Ile aux Cerfs. Das Segel ist gerefft, und die Männer versuchen mit einem langen Stock ihr Boot zurück an Land zu bringen.

Außerhalb des Korallenriffs ist der Indische Ozean tiefblau und klar. Die intensive Meeresfarbe ist typisch für die warmen tropischen Gewässer in der Nähe der Wendekreise und kommt daher, daß das Meer hier wenig Nährstoffe hat.

sie ein neues Publikum finden – ausländische Badegäste, die in den glücklichsten Wochen ihres Jahres exotische sinnliche Erfahrungen suchen. Die Séga entfernt sich von ihrem eigentlichen Publikum und verarmt zu einer rein technischen Fähigkeit, in der Bewegung, Begeisterung und Befreiung nur noch durch kleine Tanzschritte angedeutet werden. Gleichzeitig entsteht aber auch Neues: Junge Ségatiers indischer Abstammung fügen Ravane, Triangel und elektrischer Gitarre auch traditionelle indische Instrumente hinzu. Der Rhythmus bleibt jedoch der der alten Séga.

An den Küsten heißer Länder ist die Salzgewinnung einfach: Man leitet das Meerwasser in flache Becken, läßt es verdunsten und sammelt das auskristallisierte Salz in Körben ein.

Die Texte sind weiter französisch-kreolisch, aber es gibt auch neue Akzente. Anstelle der Klage des Sklaven und des eindeutig-zweideutigen Spiels zwischen Mann und Frau, entsteht eine neue Séga als Trägerin politischer Botschaften, der Unzufriedenheit der jungen Mauritianer, die das alte erstarrte Spiel sich gegenüberstehender Kreolen und Inder zu durchbrechen versucht. So wurde die Séga Symbol einer neuen mauritianischen Identität, die inzwischen Geschichte gemacht hat. Ihre Träger waren die arbeitslosen jungen Leute, denen die 1968 gewonnene Unabhängigkeit von Großbritannien keine wesentliche Verbesserung gebracht hatte, die ihr Schicksal weiterhin vom Zucker-Weltmarktpreis bestimmt sahen und die dem politischen Spiel der ethnischen Parteien 1969 eine neue Partei mit sozialrevolutionärem Anspruch entgegensetzten: die MMM, le Mouvement Militant Mauricien. Ihr Führer Bérenger war direkt aus dem Pariser Mai von 1968 hervorgegangen.

Die Wassertemperatur sinkt selbst in den (Süd-)Wintermonaten nie unter 22° Celsius. Dennoch wird man gläubige Moslems nie im Badeanzug sehen, da ihre Tradition ihnen gebietet, den Körper nicht zur Schau zu stellen.

So wird Mauritius, als einziger Staat der Erde, von einer politischen Kultur getragen, die das Erbe der aufsässigen Studentenbewegung weiterführt. Die wirtschaftliche Abhängigkeit der kleinen Insel, deren Finanzkraft die einer deutschen Kleinstadt ist, sorgt dafür, daß die Bäume nicht in den Himmel wachsen. So hat man die Rolle des Zuckers und der den Markt beherrschenden 21 Familien nicht antasten können. Auch wenn sein Anteil an der gesamten landwirtschaftlichen Fläche von 90 Prozent auf 70 Prozent gesunken ist, spielt der unsichere Zucker-Weltmarktpreis noch immer die wichtigste Rolle in der mauritianischen Wirtschaft. Zum Ausgleich versuchen die alternden Jungrevolutionäre, die Wirtschaft des Landes auf neue industrielle Standbeine zu stellen – mit beachtlichem Erfolg, wie die steigenden (aber immer noch deutlich zu niedrigen) Wachstumsraten der Inselwirtschaft zeigen.

VIELE VÖLKER UND EINE KÖNIGIN

Mauritius gilt als Kuriosum unter den Nationen der Welt: In drangvoller Enge – die Bevölkerungsdichte ist mit 510 Einwohnern pro Quadratkilometer extrem hoch – leben hier über eine Million Menschen, die mehr als zehn verschiedene Sprachen sprechen. Aber allen ist das Französische geläufig, so daß Mauritius, beherrscht von einer indischen Mehrheit, paradoxerweise als frankophoner Staat im britischen Commonwealth of Nations gilt.

Um ihre Fische zum Verkauf anzubieten, genügt der Inderin in Grand Baie ein improvisierter Stand, den sie einfach am Straßenrand aufgestellt hat.

Inderinnen beim Wäschewaschen im Fluß. Vereinzelt kamen Inder schon in der ersten Hälfte des 18. Jahrhunderts als billige Arbeitskräfte nach Mauritius, doch mit der Abschaffung der Sklaverei im Jahr 1835 stieg ihr Anteil an der Bevölkerung sprunghaft auf über 30 Prozent.

Mauritianische Gesichter. Die Bevölkerung der Insel ist durch Rassenvielfalt gekennzeichnet. Geographisch zwischen Afrika und Indien gelegen, ist Mauritius neue Heimat der Menschen aus beiden Erdteilen geworden. Über die Hälfte aller Mauritianer sind Inder, die heute eine führende Rolle in Politik, Wirtschaft und Kultur spielen. An zweiter Stelle folgen die Kreolen.

Was ist geblieben von der britischen Kolonialherrschaft? Einige wenige Nachkommen der englischen Siedler, sie machen heute nicht einmal drei Prozent der Gesamtbevölkerung aus, der Linksverkehr, die «pillar box» genannten Briefkästen. Und eine Zuneigung zum englischen Königshaus, das für die Mauritianer noch heute eine Nabelschnur zur Welt darstellt.

Bis 1992, als Mauritius die präsidiale Republik ausrief, war die englische Königin das formelle Staatsoberhaupt der Insel, vertreten durch ihren Generalgouverneur. Auch wenn sie – trotz der Mitgliedschaft im Commonwealth – keine offizielle politische Rolle mehr spielt, ist die Erinnerung an ihre Bedeutung noch lebendig: Sie war der Fixpunkt der mauritianischen Ordnung, die in dem Chaos der Völker, Rassen und Sprachen immer wieder zu zerbrechen drohte. Politische Rituale, die sich in der englischen Monarchie erhalten haben, wirkten inmitten tropischer Natur und dem Stil des Laisser-faire seltsam deplaziert, doch sie verliehen auch Maß, Würde, Kontinuität. Jährlich wurden die politischen Richtlinien in der «Thronrede» des Generalgouverneurs, des Vertreters der Krone, festgelegt, der «speaker» und der «leader of the opposition» traten im Ornat, mit weißen Perücken auf, ebenso wie die hohen Richter und andere Würdenträger. Auch die Vertreter der radikalen Regierungsparteien und sogar der Führer der konservativen «französischen» Partei reisten nach London, um sich ihren «Sir»-Titel abzuholen.

Der «englische Stil» ist keineswegs nur deplaziertes Importgut. Als 1815 die britische Krone endgültig die Insel übernahm, ging es ihr vor allem darum, den strategischen Hafen nicht dem französischen Erbfeind zu überlassen, und so gestand sie leichten Herzens ihren neuen französischen Untertanen den Gebrauch ihrer Sprache, ihre katholische Religion und ihre Verwaltungsformen zu. Die Pflanzer sahen nach anfänglichem Mißtrauen bald, daß sie, wie sie sagten, «loyale Franzosen auch unter englischem Kommandement» sein konnten. Empörung kam erst auf, als wenige Jahre später, 1836, die Sklaverei abgeschafft wurde. Der Schlachtruf der Pflanzer «Ohne Sklaven kein Zucker!» verstummte aber schnell, als sich ihnen Indien als unerschöpfliches Reservoir an billigsten Arbeitskräften eröffnete. Diese waren zwar keine Sklaven, doch die Abhängigkeit der neuen «indentured labourers» war für die Zuckerwirtschaft noch vorteilhafter. Mit Handgeld und Schiffspassage hatten sie sich so verschuldet, daß sie keine Chance hatten, sich je wieder zu befreien.

Das kurze Leben der «Coolies» war hart und freudlos. Arbeit, Krankheit und Hunger verschlissen sie rasch; sie hatten keine Frauen und keine Zukunftsperspektive. Folglich kam es immer wieder zu blutigen Revolten. Daß sich schließlich in zahlreichen kleinen Schritten die

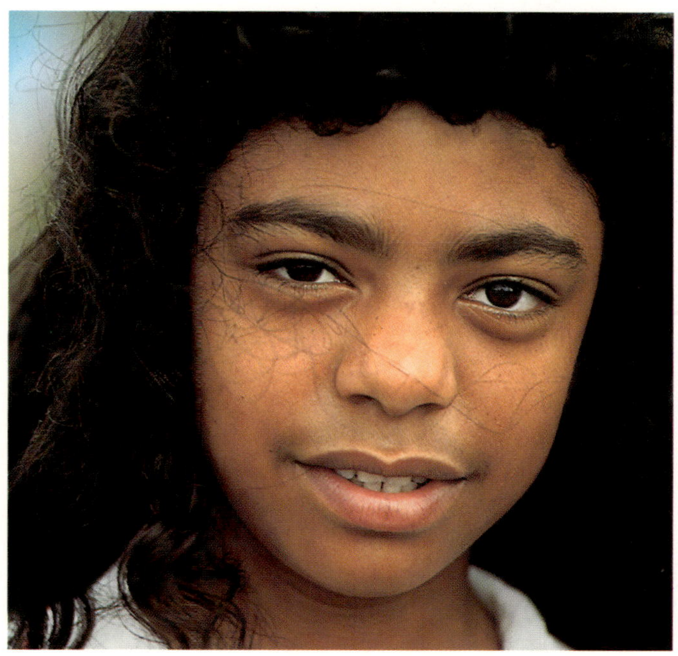

Ein schattiges Plätzchen unter Bambusstauden im Botanischen Garten von Pamplemousses.

englische Regierung für sie und gegen die Zuckerbarone einsetzte, war nicht nur britisches «Fair play», sondern sollte auch Macht und Privilegien der Zuckerproduzenten treffen. Aus dieser Situation entstand eine Arbeiterbewegung, die sich in ihren Kampfmaßnahmen und politischen Zielen an der Labour-Bewegung orientierte – ein trojanisches Pferd britischer Kultur.

tiver als die alte Labour-Partei. Diese hat sich in der Folge, den Querelen zwischen den verschiedenen indischen Völkern entsprechend, wieder in Sektionen aufgespalten: in eine Partei der Moslems (CAM), eine Partei der Tamilen (Tamoul United Party) und andere. Die wechselnden Interessen führten zu den merkwürdigsten Allianzen: So waren es 1966 die Franko-Mauritianer, die

DODO ODER DER «KUCKUCK MIT NÄHTEN»

Seefahrer wie der Portugiese Pedro Mascarenhas, der 1509 nach Mauritius kam, begegneten dem sagenhaften Dodo sicher noch häufig, spätere Besucher sahen ihn nur selten, Mitte des 18. Jahrhunderts starb er aus. Herbert Wendt schildert in seinem 1956 erschienenen dickleibigen Werk «Auf Noahs Spuren» das Schicksal dieses Vogels:

Mit dem Namen *Raphus cucullatus* können Naturfreunde der älteren Generation nicht viel anfangen. Seine Übersetzung lautet «kuckucksähnlicher Nahtvogel». Das Tier aber, das damit bezeichnet wird, ist weder kuckucksähnlich, noch besitzt es Nähte. [...]
Als erster wurde der Dodo von Mauritius, die eigentliche Dronte, bekannt. Admiral van Neck sah nämlich mit leisem Schmunzeln, daß sein Freund und Kollege, der Admiral Pieter Willem Verhoeven, von einem der dicken Vögel, die dort in großen Scharen brüteten, «gewaltig hart» gebissen wurde, und fand es amüsant, ein so rauhbeiniges Geschöpf lebend nach Holland zu überführen. Im Juli 1599 traf [...] der erste Dodo in Europa ein, sechs Jahre darauf ein zweiter [...]. Beide Exemplare hielten sich ausgezeichnet in Gefangenschaft. Und nicht nur das: Sie wurden schnell die beliebtesten Objekte der holländischen und deutschen Tiermaler.
Diese Beliebtheit ist verständlich, wenn man sich vorstellt, wie die Dronte ausgesehen hat. Sie war größer als ein Truthahn, rund wie ein prall gefüllter Sack, besaß einen gewaltigen Hakenschnabel und sehr kurze Beine, trug auf dem Kopf eine Art Kapuze und auf dem Schwanz eine lustige weiße Pleureuse, sie brütete auf dem Boden wie ein Pinguin, konnte nicht fliegen und war auf der Flucht so unbeholfen, daß sie mit dem dicken Bauch den Boden berührte. [...] Und die Naturhistoriker Pieter Pauw und Carolus Clusius sammelten alle Fakten über das Tier, bezeichneten es als ein Mittelding zwischen Strauß, Schwan und Geier und bestätigten van Necks Beschreibung, in der es hieß: «Sie sind größer als Schwäne, haben dicke, nur halb mit Fell bedeckte Köpfe, so als trügen sie eine Haube, und an Stelle der Schwingen lediglich ein paar schwarze Federn. Wir nannten sie Ekelvögel, weil ihr Fleisch bei längerem Kochen immer ungenießbarer wird.» [...]
«Wie immer, wenn der Europäer eine einsame Insel betritt», so schildert der Paläontologe Othenio Abel das Schicksal der Dronte, «so verfielen auch hier die ursprünglichen Bewohner dem Aussterben. [...]
Hundert Jahre nach ihrer Entdeckung gab es keine einzige Dronte mehr auf Mauritius.
In dieser Zeit starb auch der Dodo auf der Nachbarinsel Réunion aus den gleichen Gründen aus. Dieser [...] wurde ebenfalls gefangen, gemalt und von insgesamt fünf Naturforschern beschrieben. [...]
Knochenreste kennt man nicht. Ein Beschreiber des weißen Dodo, der Holländer Bontekoe, hat uns wenigstens die eine Angabe hinterlassen, daß der Vogel vor lauter Fett kaum habe laufen können. Und das wird auch wohl der Grund für seine Ausrottung gewesen sein.

Heute ist der Dodo nur noch im Museum zu sehen. Hier auf einem Gemälde von 1759.

Die besondere Geschichte der Insel hat im übrigen eine merkwürdige Variante des britischen parlamentarischen Systems hervorgebracht, die man hierzulande «Kommunalismus» nennt: Nicht Interessen und Überzeugungen bestimmen die Parteien, sondern ihr ethnischer Hintergrund. So haben die Franko-Mauritianer ihre eigene Partei (PMSD) – sie ist natürlich konserva-

für eine Weiterführung der englischen Kolonialherrschaft stimmten. Gegen sie mußten schließlich britische Truppen intervenieren, die damit zu Verteidigern der mauritianischen Unabhängigkeit wurden. Selbst den Mauritianern, die so leidenschaftlich gern auf der Straße und in den Kneipen die Facetten der lokalen Politik diskutierten, wurden diese politischen Spiele zu viel. Sie

Mauritius wird auch die «Zuckerinsel» genannt. Seit 1650 wird hier Zuckerrohr angebaut, heute ist knapp die Hälfte der Insel von Zuckerrohrplantagen bedeckt. Wenn die Pflanzen eine Höhe von etwa vier bis fünf Metern erreicht haben, werden sie geerntet.

Nach der Ernte nehmen sich die Arbeiter gern ein Bündel Pflanzen mit nach Hause, um die süßen Stiele zu kauen oder Zuckerrohrsaft daraus zu pressen. In den Fabriken wird das Mark zu Zucker verarbeitet, aus der Melasse gewinnt man Alkohol.

Gemüse- und Zuckerrohrfelder bei Poudre d'Or. Das Zuckerrohr wird im Frühherbst angepflanzt und ein Jahr später geerntet. Die Wurzeln treiben neu aus, so daß eine Pflanze mindestens zwei bis drei volle Erträge bringen kann.

liefen, Inder, Moslems, Chinesen und Kreolen, in Scharen zu der neuen «Militanten Partei» Bérengers über, wo sie endlich einmal ganz einfach «Mauritianer» sein konnten, ohne sich um die Hautfarbe und Religion ihres Parteivorsitzenden kümmern zu müssen.

BABYLONISCHE TÜRME

Schon in dem Getümmel bei der Ankunft auf dem Flughafen dringt sie von allen Seiten auf Sie ein: eine freundliche, aber laute Sprache, fast mehr gesungen als gesprochen. Ist man des Französischen mächtig, so kann man hier und da ein Wort erhaschen: «Bonsou» heißt es statt «Bonjour», und man hat nach kurzem den Eindruck eines landesweit verbreiteten S-Fehlers.

Was Sie da hören, ist Französisch-Kreolisch, wie es am Indischen Ozean gesprochen wird – eine wahrhaft nationale Sprache, die jeder Mauritianer beherrscht, vielleicht mit Ausnahme einiger alter indischer Bauern oder zu Hause kasernierter chinesischer Ehefrauen. Auch auf Réunion und den Seychellen («Sesell») spricht man das Idiom ähnlich, Kreolisch ist ein wichtiges Verständigungsmittel, mit dem man überall durchkommt, ob die Gesprächspartner indisch-braun, schwarz oder weiß sind. Wo ist dann, mag man sich unbedarft fragen, das mauritianische Sprachproblem, von dem ständig die Rede ist und das für nahezu alle politischen Parteien der Insel Grund zu hitzigem Geplänkel ist, gut für starke Emotionen, wenn sonst Sauregurkenzeit ist?

Ein «Zuckerrohrwald». Die Pflanze mit den schilfähnlichen Blättern benötigt in der Wachstumszeit gleichbleibende Temperaturen zwischen 25 und 28° Celsius.

Denkmalschutz spielt in Mauritius noch keine große Rolle. Die Landhäuser und Villen aus der Kolonialzeit aber werden von ihren Besitzern renoviert und gepflegt. Meist sind es auch heute Familien französischer Abstammung, die dort leben.

Gerade die vertrackten Wege der leidigen Sprachendiskussion machen deutlich, daß der Kommunalismus nicht einfach eine politische Marotte der Insel ist. Er drückt etwas aus, was mit dem persönlichen Schicksal der Menschen wesentlich verbunden ist: Man kann nicht einfach nur Mauritianer sein, sondern man muß noch auf eine andere Herkunft verweisen können, die gleichzeitig auch einen großen Zukunftstraum bedeutet. So gehört zum Programm aller lokalen Parteien ein plakatives Bekennen zu der einen oder anderen Sprache: Die Labour-Bewegungen favorisieren das Englische, denn es erinnert an die Heimat ihrer Vorstellungen für sozialen Fortschritt. Für die PMSD der Franko-Mauritianer gilt es, das französische Erbe aus großer Zeit zu verteidigen. Sogar einen «Hindu-Kongreß» hatte es gegeben, der sich, mehr symbolisch, den Anschluß an Indien auf das Panier geschrieben hatte. Für seine Anhänger war es eine Sternstunde, als im Jahr 1901 Gandhi Mauritius besuchte und sich mit dem damaligen Gouverneur, einem des Sanskrit kundigen Gelehrten, unterhalten konnte. Führte dies nicht aller Welt vor, daß auch die indischen «Coolies», wie ihre englischen oder französischen Herren, einer großen Kulturnation angehörten?

Im Vergleich zum Sanskrit allerdings ist das Kreolische ein glückloses Idiom. Es gehört allen und niemandem, wird mißachtet als eine ungehobelte Volkssprache, eine barbarische Mischung, erfunden von den Sklaven, die keine Chance hatten, eine richtige Sprache zu lernen. Daher hätten sie sich mit einem vereinfachten,

Das stark duftende Öl der Blüten des Ylang-Ylang-Baums, eines Magnoliengewächses, wird als Parfümessenz verwendet.

Auf dem christlichen Friedhof von Port Louis gibt es viele Grabsteine mit chinesischen Inschriften. Die überwiegende Mehrheit der Chinesen in Mauritius sind Christen, viele von ihnen leben in der Hauptstadt.

Die indischstämmige Bevölkerung beachtet auch heute noch die Sitten und Gebräuche des einstigen Heimatlandes. Die Frauen tragen ihre traditionellen Saris auch alltags und nicht nur zu besonderen Anlässen, wie hier bei einer Trauerfeier.

Die Marienverehrung spielt auch bei mauritianischen Katholiken eine große Rolle. Hier bringt man der Muttergottes in einer kleinen Felsgrotte Kerzenopfer dar.

«korrumpierten» Französisch beholfen, das, so ist man sich einig, wohl recht niedlich klinge und auch ein Stückchen der mauritianischen Seele enthalte, jedoch niemals für die Zivilisation tauge – so sehr sich auch Wissenschaftler aller Nationalitäten bemühten, es zu einer «richtigen» Sprache zu erklären.

Sicherlich möchte man diese «Sklavensprache» nicht missen: Mit ihrer Hilfe kann man auf der ganzen Insel auf den Märkten einkaufen und den richtigen Weg erfragen, und auch in der gebildeten Mittelklasse rettet man sich gerne ins Kreolische, wenn man vertraut genug ist und das mißverständliche Navigieren zwischen Englisch, Französisch und Hindi satt hat. Es taugt sogar als geschriebene Sprache: Nicht wenige Autoren haben das in Gedichten und Theaterstücken erprobt, sehr zur Verwunderung ihrer Umgebung, die eigentlich erwartet hätte, daß das Papier kreolische Worte verweigert. Auch die revolutionäre MMM, die ganz mutig politisch auf das Kreolische gesetzt hatte, ist vorsichtiger geworden. Am empfindlichsten aber sind die Inder, vor allem die kleinen südindischen Sprachgemeinschaften wie die Marathi, die Telugu, die Gudjarati und die Tamilen, deren sprachlicher Zusammenhalt langsam zerbröckelt. Für sie ist Kreolisch schon lange zur wichtigsten Zweitsprache geworden. Die Frage nach der Schulsprache wird zum Kampf gegen das Absinken in den «sprachlosen», das heißt herkunftslosen Stand der «population générale». Ironischerweise gibt es eine indische Sprache, die gute Aussichten hatte, sich auch bei den Minderheiten und den Kreolen durchzusetzen: das Bhodjpuri, das im Norden Indiens, der Heimat der meisten Auswanderer, als Verkehrssprache dient. Doch die Gemeinsamkeiten dieser Sprachgemeinschaft sind an den Religionskämpfen in Indien selbst zerbrochen. Bhodjpuri spricht man eigentlich nur noch in ganz vertrautem Kreis. Ansonsten wird es durch die Hochsprachen ersetzt: Hindi bei den Hindus und Urdu bei den Moslems.

Auf diese Weise zerteilen zwei große Frontlinien die Insel in ein Kaleidoskop kleiner und kleinster Sprachräume: eine kontinentale Grenze, die die indischen von den europäischen Sprachen trennt, und eine soziale Grenze, die die «höheren» von den «niedrigeren» Idiomen trennt. Dazwischen haben sich unwägbare Empfindlichkeiten angelagert: Selbst die Verwendung des Kreolischen ist nicht immer so unverfänglich, wie es scheinen mag. Von der falschen Person am falschen Ort gesprochen, kann es als Diskriminierung mißverstanden werden. So erklärt sich letztlich, warum Englisch, das fast niemand als ihm eigen reklamiert, doch eine so große Bedeutung behält. Auch der Tourist ist gut beraten, wenn er hierbei bleibt und nicht etwa versucht, das Kreolische nachzuahmen, auch wenn er es noch so nett und eingängig findet. *(Siehe auch Seite 66.)*

Zu einer hinduistischen Kultstelle gehören frische Blumen (hier ein Sträußchen Bougainvillea), Früchte oder andere Speisen (hier Muskatnüsse), Räucherstäbchen, kleine Öllämpchen und Farbe, um die Götterstatue zu schminken.

Fortsetzung Seite 48

Ein hinduistisches Hochzeitsfest wird mehrere Tage lang gefeiert.

Wie in Indien ist auch der hinduistische Tempel von Cassis, einem Vorort von Port Louis, mit Ornamenten und Götterfiguren geschmückt, die seit der Renovierung 1989 wieder in kräftigen Farben erstrahlen. Er ist dem Gott Shiva und seiner Gemahlin Meenakshi geweiht.

MOHAMMED, BUDDHA UND SHIVA

Viele Religionen – viele Feste

Tempel, Moscheen, Kirchen und manchmal sogar Pagoden prägen das Bild vieler Orte auf Mauritius. Wie in kaum einem anderen Land der Erde leben auf der Insel Hindus, Moslems, Christen und Buddhisten friedvoll mit- und nebeneinander und feiern – oft sogar gemeinsam – die farbenfrohen traditionellen Feste der verschiedenen Religionsgemeinschaften.

Eine Vielfalt an Kulturen und Religionen existiert in Mauritius nebeneinander; dementsprechend ist der Festkalender reich bestückt. Die Zahl der Neujahrsfeste zeigt, wie unterschiedlich die Zeit- und Jahreseinteilungen der verschiedenen Kulturgruppen sind. Nur das «europäische» Neujahr liegt wie gewohnt auf dem 1. Januar; alle anderen Daten muß man vor Ort erfragen: Das *Yaum-Un-Nabi* der Moslems, die damit den Geburtstag ihres Propheten feiern; das *Varusch Pirappu* der Tamilen; *Ougadi* der Telugu, und schließlich das *Frühlingsfest* der Chinesen, dem 14 Tage später das spektakuläre *Laternenfest* zum Geburtstag Buddhas folgt. Tausende von Lichtern brennen dann im Chinesenviertel, um die Erleuchtung Buddhas zu feiern, und auch der lange Papierdrache, der dann durch die Straßen läuft, nimmt fröhlich an dieser Zeitenwende teil.

Moslems und chinesische Buddhisten bereichern das mauritianische Jahr mit weiteren Festen, die allerdings weniger öffentlich sind, sieht man von dem islamischen *Säbelfest* ab, dessen Zeremonien schon deutlich von hinduistischen Reinigungsriten beeinflußt sind: Ihren Gelübden entsprechend, fasten und kasteien sich die Gläubigen für dieses Fest, bis sie schließlich eine aus scharfen Säbeln gebildete Leiter emporsteigen können.

Die Höhepunkte an Pracht und Feierlichkeit bieten die verschiedenen hinduistischen Feste, an denen die ganze Insel teilnimmt. Auch Touristen sind durchaus willkommen, die Hindus sind äußerst tolerant. Selbstverständlich sind Respekt und Zurückhaltung dennoch angebracht. Das *Cavadee-Fest* der Tamilen im Januar/Februar beginnt mit einer zehntägigen Fastenzeit der Gläubigen, die dann, innerlich gereinigt, das «Cavadee», ein mit Blumen geschmücktes Holzgestell, auf ihren Schultern durch die Menge tragen. Es enthält Bronzekrüge mit Milch, die am Ziel über eine Statue des Muruga, des Gottes der Kraft und der ewigen Jugend, gegossen werden. Zu dieser Zeremonie gehören spektakuläre Rituale der Selbstprüfung: Die Gläubigen laufen auf Holzpantinen, deren Innenseiten mit Nägeln gespickt sind; sie durchbohren sich Wangen und Zunge mit Nadeln und gehen über Feuerbahnen. Hunger, Müdigkeit und die außergewöhnlichen Kasteiungen sollen zu einer mystischen Ekstase, der Überwindung des irdischen Körpers und zum übernatürlichen Erlebnis führen.

Nicht weniger eindrucksvoll, wenn auch auf eine andere Art, ist *Maha Shivaratree* Das Fest im Februar feiert den Sieg des Gottes Shiva über Brahma und Vishnu: Wieder ziehen lange Prozessionen von Gläubigen in weißen Gewändern über die ganze Insel; sie sammeln sich an dem kleinen See «Grand Bassin». In das Wasser, das den Fluß Ganges symbolisiert, legen sie Blumenopfer und kleine Nachbildungen von Tempeln und ziehen in feierlicher Haltung auf den von Tempeln und Altären gesäumten Wegen um den See.

Der reiche indische Festkalender ist damit noch lange nicht zu Ende; die meisten Feste werden jedoch innerhalb der Religionsgemeinschaften gefeiert, zum Beispiel *Ganesh Charturi* oder *Divali*. Alle diese Feste beziehen sich auf mythische Ereignisse, die sich im hinduistischen Götterhimmel zugetragen haben sollen. Sie finden zu wechselnden Terminen statt, die den Eingeweihten bekannt und leicht zu erfragen sind. Die ersten Monate des abendländischen Kalenderjahres bieten mehr und größere Feste, doch mit etwas Glück kann man zu jeder Jahreszeit Zeuge eines dieser festlichen Ereignisse werden, die zu Mauritius gehören wie Meer, Strand und Sonne.

Ulrich Fleischmann

Cavadee-Fest: Die Prozession, die dem «Cavadee» (unten) folgt, wird von vielen Gläubigen mit ungewöhnlichen Selbstkasteiungen begleitet (oben und rechts).

Der Tempel von Cassis ist das größte hinduistische Heiligtum auf Mauritius.

LEBENDIGE INDISCHE KULTUR

Ein kleiner Imbiß gefällig? Und damit sich niemand benachteiligt fühlt, kann man auf englisch, kreolisch und französisch lesen, daß es hier etwas zu essen gibt.

Wenn man im Norden der Insel den schmalen Straßen folgt, die auf beiden Seiten von den zur Erntezeit fast mannshohen Zuckerrohrstauden gesäumt sind, bilden nur noch die bizarren Felsformationen, Ruinen der seit Jahrtausenden erloschenen Vulkane, einen Orientierungspunkt. Auch die Hügel bieten kaum einen weiteren Ausblick: Zuckerrohr, so weit man blicken kann, unterbrochen von den Siedlungen für die Schnitter und Landarbeiter, die sich gradlinig und trist zu beiden Seiten der Straße hinziehen. Der Zucker reicht bis an die Häuser aus Lehm und Brettern und läßt kaum Platz für einen Flamboyant-Baum mit seinen roten Riesenblüten, den einzigen Schutz gegen Sonne und Tropenregen. Die Ortsdurchfahrten erfordern Geduld und Verständnis: für das Zebu-Rind, das unbeirrbar die Straße entlangtrottet, ebenso wie für den Radfahrer oder für den kleinen Bus, der an der Ecke, neben dem allgegenwärtigen chinesischen Krämerladen, seine Fahrgäste ablädt. Der indische Plantagenarbeiter ist, wenn er es nicht bis zum «Sirdar», zum Aufseher, gebracht hat, noch immer ein armer Mann, der mit Mühe seine Familie ernährt.

Armut und gesellschaftliche Ächtung werden jedoch nicht mehr im traditionellen Sinn als vorherbestimmtes Schicksal empfunden. Das komplizierte Kastensystem des indischen Subkontinents hat die Auswanderung nicht mitgemacht, wohl aber eine kollektive Erinnerung daran, daß die Vorväter durch Armut und falsche Versprechungen zu einer Reise ohne Wiederkehr getrieben worden waren, zu Inseln und Ländern, auf denen nur die Arbeitsleistung zählte und wo alles, was Heimat gewesen war – Familienbande, Eßgewohnheiten und vor allem ihr Glaube, ihre Feste und religiösen Zeremonien –, der Lächerlichkeit preisgegeben war. Viele hatten dem Druck der Priester nachgegeben und sich katholisch taufen lassen, in der, bald enttäuschten, Hoffnung, das Stigma eines wohlfeilen Arbeitstiers loszuwerden. Erst später wurde ihnen klar, daß es viel wirksamer war, selbstbewußt auf dem zu beharren, was sie mitgebracht hatten. Das Vertrauen auf die eigene Gemeinschaft, die in der Diaspora wiedererstand und der es durch kollektive Aktionen gelang, sich aus der Misere herauszuarbeiten, verhalf ihnen zu einem neuen Platz in der Kolonialgesellschaft: sei es als selbständiger Pflanzer auf den kleinen Parzellen, die sie sich mühevoll erarbeitet hatten, oder als neuer städtischer Mittelstand, der heutzutage das politische und kulturelle Leben in Mauritius maßgeblich mitgestaltet.

Die indischen Boys sind stilecht gekleidet. Sie könnten auch vor einem Maharaja-Palast stehen. Das Royal Palm Hotel in Grand Baie ist allerdings auch ein «fürstliches Haus», das seinen Gästen jeden erdenklichen Komfort bietet.

Es spricht für die Kraft und Überlebensfähigkeit der indischen Kulturen, daß sie in der Lage waren, die Zertrümmerung in der Fremde zu überleben und weitab

In kleinen Werkstätten fertigen Einheimische auf der Insel die «Marquettes», detailgetreue Schiffsmodelle, die in mühevoller Arbeit stilgetreu nach historischen Bauplänen zusammengesetzt werden.

Wie überall in südlichen Ländern treffen sich die Männer gern zu einem Spiel im Freien. Hier eine Domino-Partie in Trou d'Eau Douce, einem kleinen Ort an der Ostküste.

In Port Louis mußten viele alte Gebäude modernen Zweckbauten weichen. Ein typisches Beispiel für die Architektur der Kolonialzeit war diese 200 Jahre alte Druckerei am Place Bissoondoyal – bis 1992, als sie gegen den heftigen Protest von Denkmalschützern abgerissen wurde.

von der Heimat wieder einen indischen Mikrokosmos zu rekonstruieren. Religion ist hier keinesfalls Privatsache, sie bestimmt das Zusammenleben der Menschen, die soziale Struktur des Dorfes, den Ablauf des Jahres.

Die Kirche Notre-Dame de Lourdes in Rose Hill ist einer der größten Kirchenbauten der Insel. Das Hauptschiff wird hier durch eine Stahlkonstruktion gestützt.

Im Mittelpunkt stehen die *Baitkas*, Kultstätten und Versammlungshäuser, die, anders als Moscheen oder Tempel, im Straßenbild nicht auffallen. Dennoch hat jedes Dorf mehrere Baitkas, entsprechend seiner sozialen und ethnischen Struktur, die hier Gestalt annimmt und sich nach außen präsentiert. Dabei vollzieht sich auch, was die Flexibilität des Hinduismus begründet: die Interpretation und Neuinterpretation der heiligen Schriften, der Veden, die den sich verändernden Lebensumständen angepaßt werden dürfen. Zu den Festtagen jedoch verschwinden die einzelnen Dorfverbände; sie verschmelzen angesichts des Gemeinschaftserlebnisses, das alle, sogar die Nichtgläubigen, umfaßt.

Die phantasievoll gestalteten Tempel mit ihren bunten und bizarren Tier- und Menschendarstellungen und die Vielzahl der Feste sind zwar äußerliche, aber auch die spektakulärsten Manifestationen des Hinduismus. Im allgemeinen sind sie auch für Außenstehende offen, wenn diese das Gemeinschaftserlebnis nicht stören. Anerkennung und gute Nachbarschaft sind in der Diaspora wichtig, und so kann man auch beobachten, daß sich die Kreolen in ihrem Bedürfnis nach dem großartigen und ausdrucksvollen religiösen Erlebnis den Zeremonien anschließen. Sie gehen zum *Cavadee* der Tamilen, ein der Selbstreinigung und -opferung gewidmetes Fest,

Das älteste Bauwerk der Insel ist der Regierungspalast in Port Louis. Er wurde im Jahr 1736 errichtet, während der Amtszeit des französischen Gouverneurs Mahé de Labourdonnais, unter dem sich die Insel zu einer blühenden Kolonie entwickelte.

bei dem sich die Gläubigen mit spitzen Gegenständen verletzen oder über Nagelbetten oder Feuergräben laufen. Oder sie nehmen im Februar am dem grausig-gütigen Shiva geweihten Fest teil, bei dem ein kleiner, mit Ganges-Wasser versetzter See, das Grand Bassin, die Rolle des heiligen Flusses übernimmt: Er ist das Ziel von Wallfahrten, auf denen weißgekleidete Menschen mit ihrem Blumenopfer über die ganze Insel ziehen, um es, zusammen mit Früchten und Rauchopfern, für Gott Shiva am Seeufer abzulegen. *(Siehe auch Seite 45.)*

Die Kirche Sainte-Thérèse in Curepipe entstand 1868. In dem am höchsten gelegenen Ort der Insel gibt es noch heute einige sehenswerte Bauten aus der Kolonialzeit.

BIZARRE BERGE UND TEEPLANTAGEN

Die Wasser des Grand Bassin liegen bereits außerhalb der Kulturlandschaften des Zuckers, wo die Inder ihr Überleben suchen: südlich von Port Louis, am Rand eines zerklüfteten Berglands, das ganz aus dem Rahmen der Zuckerinsel zu fallen scheint. Hier leben nur noch wenige Menschen: Kreolen, deren Dörfer plötzlich an den Windungen der Straße erscheinen und sich, in weiträumige Streusiedlungen aufgelöst, in die Täler herabziehen. Es ist ein Rückzugsgebiet, lange vom modernen Verkehr abgeschlossen und für den Zuckerrohranbau nicht geeignet. Als modernes Wirtschaftsgut erscheinen lediglich, unvermutet an Hängen und Waldrändern gelegen, Teeplantagen mit ihren gepflegten und beschnittenen Buschreihen. In den Wäldern, die die vulkanischen Täler füllen und sich an den steilen

Der weiße Wellensaum im Bildhintergrund zeigt an, wo der Indische Ozean an das Korallenriff von Mauritius brandet. Riffbildende Korallen können nur in tropischen Meeren leben, und als tropisches Gewässer bezeichnen die Geographen nur solche Meere, deren Wassertemperatur in den oberen Bereichen nie unter 18° Celsius sinkt.

MÄRCHENWELT UNTER WASSER

Die Korallenriffe und ihre Bewohner

Schnorcheln, Tauchen, Unterwasserwanderungen: Ein Ausflug unter die Wasseroberfläche zählt zu den schönsten Naturerlebnissen, die Mauritius zu bieten hat. In Jahrtausenden haben die Korallen rund um die Insel eine filigrane Unterwasserarchitektur geschaffen, deren bizarre Bauten die Heimat einer Vielzahl farbenprächtiger Meereslebewesen ist.

Vom Flugzeug aus kann man es deutlich erkennen: Mauritius ist fast gänzlich von einem Riffgürtel umgeben, der den dunklen Indischen Ozean von den ruhigen, hellen, türkisfarbenen Wassern der vorgelagerten Lagune scheidet. Die Insel ist zwar kein völlig aus Korallen und Korallensand aufgebautes Atoll wie verschiedene ihrer Nachbarinseln – etwa Aldabra und Farquhar –, doch bietet sie ein schönes Beispiel für die indopazifischen Saumriffe, die im warmen, klaren und strömungsarmen Wasser von über 500 Arten an Korallenpolypen in Jahrtausenden aufgebaut worden sind und die sich in Richtung der See ständig erweitern.

Mit den hier beheimateten, vielfältigen Lebewesen ist diese Riffregion der atlantischen Karibikküste weit überlegen. Der Fischreichtum der Lagune, die vielen Meeresfischen eine Kinderstube bietet, verdichtet sich am Riff zu einem komplexen Ökosystem, in dem die verschiedensten Lebewesen miteinander und voneinander leben: Die wuchernden Korallenformen bilden mit ihren Höhlen, Nischen und Überhängen ideale Verstecke, in denen sich Schnecken, riesige Seesterne, Seeigel

Geheimnisvolle Welt unter der Wasseroberfläche: eine Teppichanemone (oben); ein Schwarm leuchtender Wimpelfische (unten); Taucher im Riff (rechts).

und Muscheln ansiedeln. Der Artenreichtum dieser Fischwelt ist hier von einer unglaubliche Vielfalt: Zu den vielen bunten «Aquariumsfischen» kommen noch zahlreiche unscheinbare, aber doch beachtenswerte Gesellen dazu: der hochgiftige Steinfisch, dessen Name schon über seine Tarnungsstrategien Auskunft gibt; die mit nadelspitzen Zähnen bewehrte Muräne, die in Höhlen lebt, oder der abseits vom Getümmel regungslos lauernde Barrakuda. Diese «dunklen Gestalten» des Riffs sieht man meist gar nicht, es sei denn, man stöbert sie unbedacht auf. Andere Fischarten ziehen es vor, durch grelle Farbkombinationen aufzufallen, entweder um zu warnen oder um abzuschrecken oder um sich in der unübersichtlichen Rifflandschaft den Paarungspartnern zu zeigen. Sie machen dadurch die eigentliche Faszination der Korallenriffe aus: vielfarbige Papageienfische, die an den Riffen knabbern; der, je nach Altersstufe, blau oder gelb-schwarz gemusterte Kaiserfisch und nicht zuletzt der Rotfeuerfisch, der auch Meeresskorpion genannt wird, denn er entfaltet seine rot-orangefarbene Pracht, um vor seinen giftigen Stacheln zu warnen.

Die Vielfalt der Farben und Bewegungen im Riff werden von den Tieren als Signale und Verständigungsformen genutzt, sie bilden eine «Sprache», von der selbst die Kenner nur einen kleinen Teil enträtseln können. Es geht dabei aber nicht allein um Beute und Paarung; zu den Kuriositäten gehören beispielsweise die kleinen Putzerfische, die im Rachen der gefährlichsten Raubfische Zahnpflege betreiben, solange sie sich durch wippende Schwimmbewegungen zu erkennen geben. Dies führt aber auch einen anderen kleinen Burschen auf den Plan, der die Erkennungszeichen des Putzers nachahmt, sich dann jedoch blitzschnell aus dem geduldigen «Kunden» ein Stück herausbeißt.

Leider ist dieser faszinierende Lebensraum ständiger Bedrohung durch den Menschen ausgesetzt. So hat man in der Lagune die Raubfische fast gänzlich ausgerottet, und nun nehmen die Korallenfresser überhand. An vielen Stellen ist das Riff von Mauritius nur noch ein nacktes Gerippe; die Wucht der Wellen zerbröselt es, und die seichte, ungeschützte Küste gerät in Gefahr. Wer das Unterwasserparadies besuchen will, sollte dies deshalb nur mit sachkundiger Begleitung tun. *Ulrich Fleischmann*

Abhängen hochziehen, hat sich auch die eigentümliche Tierwelt der Insel erhalten: die rosafarbene Taube, der Mauritius-Falke, der Bananenvogel mit rotem Kopf, sogar eine kleine Papageienart.

Die Gegend ist eine Zufluchtsstätte – auch für Menschen: In das kaum erschlossene Bergland drangen nach Abschaffung der Sklaverei auch die nun freien Schwarzen vor – auf der Suche nach einem Stück Land außerhalb der Plantagen, die ihnen auch weiterhin als Inbegriff und Symbol einer bösen Vergangenheit erschienen. Was sie in ihren neuen Nischen brauchten und sich wünschten, war vor allem Autarkie, das heißt ein kleines Stück Land, auf dem sie ein bescheidenes Haus errichten konnten und das auch noch Platz für den Anbau der wichtigsten Lebensmittel bot. So verstecken sich ihre kleinen Anwesen, wenn sie nicht an der Straße liegen, hinter einem Gewirr aus Obstbäumen, Bananenstauden und niedrigen Nutzpflanzen. In den Lichtungen und nahe den Häusern leben Hühner und Ziegen, ein schläfriger Hund, manchmal auch ein Schwein oder eine Kuh. Ein Kohlenmeiler und, wenn man zur Küste kommt, ein kleiner Fischerkahn vervollständigen das häusliche Wirtschaftsgefüge. Nur die Touristen, die kommen, um das wilde Mauritius und die bunten Sandadern von Chamarel – ein Naturphänomen vulkanischen Ursprungs – zu sehen, bringen Geld und neue Bedürfnisse in dieses abgeschiedene, urtümliche Bergland.

Pointe Coton, die Ostspitze von Rodrigues. Wie nahe das Korallenriff hier vor der Küste liegt, sieht man an der unterschiedlichen Farbe des Wassers: deutlich abgegrenzt das tiefe Blau des offenen Meeres gegen die milchige, türkis schimmernde Lagune.

ZWISCHEN LAND UND WASSER

Die Insel ist nicht nur ein Staat, sie ist eine ganze Welt. Das Meer ist nirgendwo weit entfernt und führt sinnfällig vor Augen, wie begrenzt das Land der Menschen ist. An der Küste liegt dann der schmale Streifen der türkisblauen Lagunen und, auf Sichtweite, das Riff, gegen das die Wellen des Indischen Ozeans anrollen. Dahinter kommt tagelang nichts mehr, nur Wasser.

Der Staat Mauritius reicht über die Insel hinaus und schließt viele kleine Inseln und Inselgruppen ein. Allen voran ist Rodrigues zu nennen, ein Reservat kreolischer Subsistenzwirtschaft, das regelmäßig von einem kleinen Frachtschiff angelaufen wird. Aber auch die Agalega-Inseln gehören dazu, auf denen Kopra (zerkleinerte Kokosnußkerne) produziert wird, die Cargados Carajos, auf denen Guano abgebaut wird, und der über 2000 Kilometer entfernte Chagos-Archipel. Das Diego-Garcia-Atoll hingegen erlangte traurige Berühmtheit: Kurz vor der Unabhängigkeit wurde es aus dem mauritianischen Besitzstand ausgegliedert und in der Folge in einen anglo-amerikanischen Militärstützpunkt umgebaut. Die Bevölkerung von über tausend Menschen brachte man einfach nach Mauritius, wo sie verwirrt, verzweifelt und

Der Ochsenkarren ist mittlerweile nur noch ein selten benutztes Fortbewegungsmittel auf Mauritius. Einer der Gründe dafür ist, daß der moderne Autoverkehr auf den Hauptstraßen für die langsamen Gefährte viel zu gefährlich ist.

Anders als auf Mauritius baut man auf Rodrigues kein Zuckerrohr an. Die Bauern der Insel pflanzen Gemüse und betreiben eine bescheidene Viehzucht.

Die Regierung verpachtet an die Mauritianer kleine Parzellen, auf denen sie für den Eigenbedarf Obst- und Gemüse anbauen. Wenn die Ernte gut ausfällt, können sie die Überschüsse auch auf den Märkten verkaufen.

Die Domaine du Chasseur ist ein etwa 500 Hektar großes Jagdgebiet nördlich von Mahébourg.

Vorbereitungen für einen Séga-Abend. Den Gesang eines Vorsängers und des Chors begleiten traditionell Perkussionsinstrumente wie die Ravane, eine Art großes Tamburin. Die Ziegenlederbespannung wird vorher am Feuer erwärmt.

von ihrer Welt für immer abgeschnitten, als «Palästinenser des Indischen Ozeans» lebt und die mauritanische Regierung vor große Probleme stellt.

Inmitten des riesigen Ozeans lebend, sind die Mauritianer Landbewohner geblieben. Die Fischer wagen sich ungern über die Sichtweite der Insel hinaus. Ihre Fanggründe sind die Lagune und das Riff, in der Vergangenheit ergiebige Gewässer, die aber jetzt ständig von Überfischung bedroht sind. Die Gefahr für das prekäre ökologische Gleichgewicht des Riffs wächst aber auch durch die Überbevölkerung der Küstenzonen, da die Lagunen, Kinderstube vieler Fischarten, ausgebeutet und als Kloake mißbraucht werden. Ebenso schädlich ist die wachsende Zahl der Taucher.

EIN SCHWANKENDES BOOT

Eine Million Menschen auf einer im Verhältnis zu den Weiten des Ozeans winzigen Insel: Man hat Mauritius wegen seiner strategischen Position als Kriegsschiff oder Flugzeugträger bezeichnet. Passender wäre vielleicht das Bild eines überfüllten Rettungsboots angesichts der historischen Rolle der Insel für die auf ihr zusammengetriebenen Menschen – eines Boots mit all den Unsicherheiten und Gefahren für seine Besatzung.

Im mauritianischen Sommer, der von November bis April dauert, gibt es Tage, an denen Regenschleier die ganze Insel verhängen, die Grenzen zwischen Land und Meer verschwimmen. Dann sitzen die Mauritianer vor ihren kleinen Radios: «Achtung, eine Warnung! Ein Zyklon der Stärke Eins bewegt sich in Richtung Mauritius . . .», gibt eine durchdringende Stimme in fünf Sprachen bekannt. Über dem überhitzten Meer hat sich einer der verheerenden Windwirbel gebildet. Er nährt und stärkt sich vom Wasser, kein nennenswertes Land liegt auf seiner Route, das ihn zähmen könnte. Er gewinnt zunehmend an Geschwindigkeit, die kleinen Atolle weit draußen melden schon «Land unter», und auf der großen Insel mit ihren Schutzräumen greift Unruhe um sich. Kerzen, Radiobatterien und gefiltertes Wasser werden knapp, und die Menschen versuchen mit Brettern, Stangen und Nägeln ihre Häuser an den Boden zu binden. Doch das ist eine Illusion; der Wind biegt die Bäume, zerfetzt die Palmen, er trägt mühelos das Wellblechdach eines «Coolie» hinweg, und die Wogenkämme und Regenschwaden zerdrücken die Lehmwände seines Hauses. Am nächsten Morgen, wenn sich Wasser und Land wieder getrennt haben, wird er, wie viele andere vor und mit ihm, es wieder aufbauen, denn der kleine Platz in dem Boot Mauritius ist der einzige, den er hat.

Die nächste Einkaufsmöglichkeit ist manchmal weit entfernt, doch im Schatten einer Allee ist der Heimweg nicht ganz so beschwerlich. Die rote Erde, die auch dem nahe gelegenen Ort Terre Rouge (bei Port Louis) seinen Namen gegeben hat, stammt von Eisenspuren im Boden.

Sonntäglicher Kirchgang in Port Mathurin. Die Einwohner von Rodrigues sind fast alle Christen.

MAURITIUS: PLANEN · REISEN · GENIESSEN

INHALT

Allgemeine Informationen 62
Karte von Mauritius 63
Maße und Zahlen auf einen Blick 64
Fauna und Flora 64
Klima/Reisezeit 64
Bevölkerung und Sprachen 65
Zyklone im Indischen Ozean 65
Die kreolischen Sprachen 66
Politisches System · Wirtschaft 66
Auskünfte · Einreise · Gesundheit 67
Unterwegs in Mauritius 67
Mit dem Windjammer rund im die Insel 67
Übernachten 68
Hochzeit unter Palmen 68
Essen und Trinken 69
Sport in Mauritius 69
Einkaufen 69
Der große Markt von Port Louis 70
Orte und Sehenswürdigkeiten von A bis Z 71
Insel im Aufbruch: Rodrigues 74
Karte von Rodrigues 74
Ausflug in die Kolonialzeit 76
Karte von Port Louis 77
Jockeys, Pferde und viel Geld 77
Die «Rote» und die «Blaue Mauritius» 79

Aufstieg zum Le Pouce. Der 812 Meter hohe Berg im Südosten von Port Louis ist ein beliebtes Wanderziel. Wenn man den Gipfel nach etwa sieben bis acht Stunden erreicht hat, bietet sich ein herrlicher Blick über die gesamte Insel.

ALLGEMEINE INFORMATIONEN

Lage und Größe. Die Insel Mauritius liegt im südwestlichen Teil des Indischen Ozeans 2000 Kilometer vor der afrikanischen Ostküste zwischen 19°50′ und 20° südlicher Breite und 57°18′ bis 57°48′ östlicher Länge. Die größte Insel im Archipel der Maskarenen (Mauritius, Réunion und Rodrigues) umfaßt 1864 Quadratkilometer (und ist damit doppelt so groß wie die größte deutsche Insel Rügen). Mauritius hat eine 300 Kilometer lange Küste, die fast ganz von einem Korallenriff umgeben ist.

Zum Territorium der Republik Mauritius zählen außer der Hauptinsel Mauritius und sechs kleineren außerhalb des Riffs vorgelagerten Eilanden auch noch die Inseln Rodrigues (560 km östlich), Agalega (1000 km nördlich) und St. Brandon (430 km nordöstlich). Insgesamt umfaßt das Staatsgebiet daher 2045 Quadratkilometer. Hauptstadt der Republik ist Port Louis.

Landschaften. Mauritius ist vulkanischen Ursprungs und in seiner jetzigen Form vor Millionen von Jahren durch zwei Vulkanausbrüche gebildet worden: ausgedehntes Flachland an den Küsten, das im Inselzentrum zu einem Hochplateau bis 670 Meter über dem Meeresspiegel ansteigt. Das dschungelartige Zentralplateau ist durch drei Gebirgszüge begrenzt, im Osten bei Grand Port, im Süden im Gebiet der Rivière Noire und im Nordwesten durch die Moka-Bergkette, deren Gipfel sich über der Hauptstadt Port Louis erheben.
Die höchsten Berggipfel und zugleich wichtigsten Orientierungs- und Navigationspunkte für Wanderer und Seefahrer sind der *Piton de la Rivière Noire* (828 m), *Pieter Both* (820 m) und *Le Pouce* (812 m). Mit der Spitze des Matterhorns verglichen wird der Bergkegel des *Rempart* (777 m).

Östlich von Madagaskar und rund 2000 Kilometer vor der Küste Afrikas liegt die Inselrepublik Mauritius, deren wichtigste Nebeninsel Rodrigues ist. Die größte Nord-Süd-Ausdehnung der Hauptinsel beträgt etwas mehr als 60 Kilometer, in der Ost-West-Richtung erreicht sie eine maximale Breite von knapp 50 Kilometern.

Strände. Mauritius bietet etwa 140 Kilometer weißen, feinsandigen Strand innerhalb der Lagune mit einer vom Korallenriff gebremsten Brandung. Die natürlichen Badebuchten leben vom Kontrast zwischen schwarzem Lavagestein und weißem Korallensand. Sie sind meist von schattigen, kiefernartigen Casuarina-Wäldchen gesäumt, aber ohne Dünen. Von Flußdeltas abgesehen, ist das Wasser meist kristallklar. Infolge von Ebbe und Flut ist das Wasser oft nicht tief genug zum Schwimmen.

Es gibt offiziell ausgewiesene öffentliche Badestrände, doch ist der freie Zugang zu jedem Strand für jedermann gesetzlich verankert. An Hotelstränden ist «Oben ohne» üblich, Nacktbaden ist nirgends gestattet, aber in vielen einsamen Buchten möglich. Die schönsten Strände sind: → Belle Mare ②, → Ile aux Cerfs ⑯ und → Blue Bay ③ im Osten; Baie du Tombeau und → Trou aux Biches ㉚ an der Nordwestküste; Flic en Flac, Ile aux Bénitiers und → Morne Brabant ㉑ im Südwesten von Mauritius; Cotton Bay und Mourouk Beach auf Rodrigues *(siehe Seite 74 f.)*.

Korallenriffe sind eine große Attraktion der Insel. Da der Meeresboden absinkt, die pflanzenähnliche Koralle aber nur knapp unterhalb der Wasserfläche im Licht existieren kann, bildete sich in Jahrtausenden ein dichtes Gitter bis zum Meeresgrund reichender Korallenstöcke. Das Riff ist – als natürliche Hafeneinfahrt – nur an wenigen Stellen unterbrochen.

Rund um die Insel bricht sich die Brandung des Indischen Ozeans schon weit draußen an den Korallenbänken, und deshalb laufen nur flache Wellen an den Badestränden auf. Die Wellenbrecher bewirken, daß sich die See im Bereich der geschützten Lagunen niemals stürmisch zeigt, was jederzeit ungetrübten Wassersport und einmalige Schnorchelerlebnisse ermöglicht.

WAS ZÄHLT IN MAURITIUS

Maße und Zahlen auf einen Blick

Zeit
Die Tageszeit in Mauritius ist der Mitteleuropäischen Zeit im Winter um drei und im Sommer um zwei Stunden voraus.

Maße/Gewichte/Temperaturen
In Mauritius wird das metrische neben dem britischen System benutzt. Entfernungen werden dementsprechend in Kilometer oder in Meilen angegeben, Gewichte in Gramm oder britischen Pfund, Hohlmaße in Liter oder Pint, Quart und Gallonen, Temperaturen jedoch nur in Grad Celsius.

1 inch = ca. 2,5 cm	1 pint = ca. 0,5 l
1 foot = ca. 30 cm	1 quart = ca. 0,95 l
1 yard = ca. 91 cm	1 gallon = ca. 3,8 l
1 mile = ca. 1,6 km	1 pound = ca. 450 gr

Elektrizität
Die Netzspannung beträgt in Mauritius 220 Volt bei 50 Hertz. Für die meist dreipoligen Steckdosen sind Adapter nötig.

Geld
Die mauritianische Währung ist die Mauritian Rupee, abgekürzt MUR und Rs. Eine Rupie hat 100 Cent. Münzen gibt es zu 5, 10, 20, 25 und 50 Cent sowie zu 1 und 5 Rupien. Banknoten zu 5, 10, 20, 50 und 100, 200, 500 und 1000 Rupien. Euroches werden in Mauritius nicht akzeptiert, Kreditkarten der großen Kreditkartenfirmen sind jedoch gängige Zahlungsmittel. Im Duty-free-Shop von Plaisance kann man nur mit Devisen bezahlen.

Telefonieren
In Hotels und auf den Postämtern sind europäische Anschlüsse direkt anwählbar. Die Vorwahl für Deutschland ist 0049, für Österreich 0043 und für die Schweiz 0041.

Tempolimit
Innerhalb von Ortschaften gilt die zulässige Höchstgeschwindigkeit von 50 km/h, auf allen Landstraßen von 80 km/h.

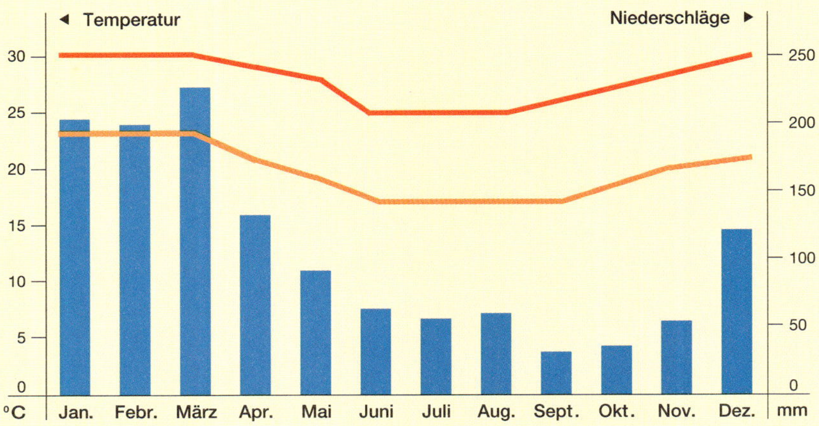

Durchschnittl. Tagestemperaturen (°C) in Port Louis: Maximum, Minimum
Durchschnittliche Niederschläge (mm) in Port Louis:

FAUNA UND FLORA

Tierwelt. Bevor der Mensch auf der Insel Einzug hielt, war sie reich an wilden Kleintieren: Schildkröten, Eidechsen, Fledermäuse und bunte tropische Vögel, unter ihnen der vielbesungene Laufvogel Dodo mit kurzen Schwingen und schwerem Gang, der sich leicht fangen und ausrotten ließ *(siehe auch Seite 36)*. Neun Vogelarten überlebten in der Wildnis der Hochebene, unter ihnen der Greifvogel Kestrel und die seltene rosa Taube.
Während der Kolonisation wurden auf der Insel allerlei nützliche Tiere ausgesetzt, deren Bestand heute geschützt wird: Java-Hirsche, Indische Hasen, Wildschweine – und Affen. Auch brachten die Europäer ihre

Auf Mauritius haben einst riesige Landschildkröten frei gelebt. Heute findet man nur im Botanischen Garten von Pamplemousses noch einige Exemplare dieser Tiere.

Haustiere mit: Hunde, Katzen, Rinder und Pferde (zum Ackern und Reiten). Die Familie der Reptilien ist durch vier Arten ungiftiger Schlangen, 15 Spezies von Eidechsen und die possierlichen echsenartigen Geckos vertreten, die sich als Insektenjäger nützlich machen. Fiebermücken, die dem Menschen als Malaria-Überträger gefährlich wurden, sind mit der Trockenlegung aller Sümpfe in den siebziger Jahren verschwunden. In heißen Nächten können nur noch die gewöhnlichen Stechmücken lästig sein. Die reiche Lebe- und Schwebewelt des Wassers ist eine der natürlichen Attraktionen von Mauritius. Sie besticht durch ihren unvorstellbaren Variantenreichtum an Raub- und Zierfischen, an Muscheln, Seeigeln, Schnecken und Schalentieren, die Lagunen und Riffe formenreich und farbenfroh beleben *(siehe auch Seite 53)*.

Im Botanischen Garten von Pamplemousses. Die Blätter der Riesenseerosen «Victoria» erreichen einen Durchmesser von bis zu 180 Zentimetern. Die Blüten öffnen sich nur für zwei Nächte.

Pflanzenwelt. Die ursprüngliche Vegetation ist der landwirtschaftlichen Nutzung weitgehend gewichen. Die Restbestände uralter Ebenholz-Bäume und Colophane genießen in einem 4600 Hektar Wald umfassenden Reservat besonderen Schutz. Im Hochland werden Koniferen, Jacarandas, Eukalyptus und andere heimische Bäume als Regenbringer intensiv wiederaufgeforstet. Bananenstauden, Mango-, Mandel- und Olivenbäume haben mit den Besiedlern ihren Einzug gehalten und dienen der vitaminreichen Ernährung.
An den Küstenstreifen dominiert der kiefernähnliche Filao-Baum australischer Abstammung, der aber keine Nadeln, sondern längliche Blätter (wie Schachtelhalme) trägt. Die Kokospalme konnte sich gegen die rauhen Winde nur schwer halten, wird aber vor allem in Hotelgärten stets erneut angepflanzt. Alleen werden meist von Eukalyptus- oder Affenbrotbäumen gesäumt. Der typischste Baum der Insel ist der Flamboyant; er taucht zwischen November und Februar ganz Mauritius in ein prächtiges, flammendes Blütenmeer. Wildwachsende Gladiolen, Rittersporn, Phlox und Nelken gedeihen groß und üppig auf Schritt und Tritt am Rand der Straßen.

KLIMA/REISEZEIT

Klima. Auf Mauritius herrscht tropisches Klima während des Sommers und subtropisches während des Winters, jeweils abgemildert durch die maritime Lage *(siehe auch die Klimatabelle oben links)*.

Reisezeit. Mauritius hat das ganze Jahr hindurch Badesaison. Doch für Europäer sind der Inselfrühling (September bis November) und der tropische Herbst (April bis Juni) die angenehmsten und erholsamsten Reisezeiten. Während sich die Insel im Frühjahr in ihrem schönsten Blütenkleid zeigt, hat der Herbst den Vorteil durchschnittlich um 3 bis 5 °Celsius höherer Wassertemperaturen. Die Gefahr unliebsamer Urlaubsunterbrechungen durch orkanartige Winde (Zyklone) mit unfreiwilligem Hausarrest ist am wahrscheinlichsten von November bis März *(siehe auch rechts).*

Kleidung. Der Urlauber ohne gesellschaftliche Verpflichtungen (mit Kleiderordnung) kommt in Mauritius mit einem Minimum an Gepäck aus. Von den Fluggesellschaften erlaubt sind pro Person 23 Kilogramm nach Mauritius, aber nur 15 Kilogramm nach Rodrigues. Auf schwachbesetzten Flügen (Mai bis September) wird Übergewicht meist stillschweigend hingenommen.

Wer zwei Jeans, vier T-Shirts, Unter- und Nachtwäsche zum Wechseln, den warmen Pullover für kühle Abende, einen Schal gegen zugige Klimaanlagen, das «kleine Schwarze» oder den Blazer für die unerwartete Dinnerparty und die obligate Krawatte fürs Pferderennen einpackt, der ist für zwei Wochen wirklich ausreichend ausgerüstet. Modische Bade- und Freizeitkleidung erster Qualität kann in Mauritius überall zu erstaunlich niedrigen Preisen erwerben. Zum Schutz vor Seeigeln wird das Tragen von Badeschuhen empfohlen.

BEVÖLKERUNG UND SPRACHEN

Mauritius ist das Musterbeispiel für die friedvolle Koexistenz einer multi-ethnischen Gesellschaft. Heute leben auf der Insel im Indischen Ozean rund 1,15 Millionen Menschen – ein Völkergemisch aus

Bei Bois Cherie liegen große Teeplantagen. In der dazugehörigen Farm kann man sich über alles, was mit Tee-Anbau und Fermentation zusammenhängt, informieren.

Indern (66 Prozent), Kreolen oder Mischlingen afrikanischer oder madegassischer Abstammung (30 Prozent), Chinesen (3 Prozent) und schließlich Weißen französischer, holländischer und britischer Herkunft (1 Prozent) – dank vieler sozialer Errungenschaften einträchtig zusammen.

LAND UNTER

Zyklone im Indischen Ozean

In einigen tropischen Regionen der Erde können gegen Ende der heißen Jahreszeit Wirbelstürme auftreten. Auch wenn sie überall anders genannt werden – Zyklone in Mauritius, Hurrikane in der Karibik oder Willy-Willies in Australien, man meint dasselbe Phänomen: Orkane, die sich wie rasende Kreisel mit einer Windgeschwindigkeit von bis zu 300 Stundenkilometern auf immer wieder eingeschlagenen Zugbahnen (siehe Grafik) fortbewegen.

Urplötzlich tritt Stille ein. Wo noch vor wenigen Minuten Winde von bis zu 300 Kilometer pro Stunde heulten, wo noch kompakte Massen aus Wasser an die Häuser klatschten, laufen nun Menschen schnell durch die Straßen, reißen gefährlich schwankende Äste und Reklameschilder zu Boden oder versuchen, ein anderes Haus zu erreichen. Jeder weiß, daß die merkwürdige Ruhe nur kurz dauern wird – Minuten, allenfalls Stunden. Dann setzt, ebenso unvermittelt wie er endete, der Sturm wieder ein, doch nun in umgekehrter Richtung! Wer immer das zweifelhafte Privileg hatte, vom Zentrum eines tropischen Wirbelsturms gestreift zu werden, wird dieses Erlebnis nie mehr vergessen. Es macht schlagartig klar, warum man diese Stürme Zyklone (von griechisch kyklos – der Kreis) nennt: Es sind rasende kreisförmige Luftbewegungen, in deren Zentrum eine Ruhezone, das sogenannte Auge des Zyklons, mit einem Durchmesser von 20 bis 30 Kilometern liegt.

Die charakteristischen tropischen Wirbelstürme entstehen vornehmlich in zwei Weltregionen: in den Sommermonaten im Atlantik, im Bereich der Bermudainseln, von wo sie dann als Hurrikane in den karibischen Raum weiterziehen; in unserem Winter in einer Zone des Indischen Ozeans, die sich von Madagaskar nach Nordaustralien hinzieht. Zyklon ist die allgemeinste Bezeichnung eines Phänomens, das bei allen tropischen Wirbelstürmen gleichartig abläuft: Wasser und Luft heizen sich über großen Meeresflächen auf und schaffen eine Inversionswetterlage. Die stetigen Handelswinde – Passat über dem Atlantik, Monsun über dem Indischen Ozean – setzen das, was sich hier zusammenbraut, im Zusammenwirken mit der Erddrehung in eine kreisförmige Bewegung um. Zum Glück reift nur ein kleiner Teil dieser tropischen Störungen zum ausgewachsenen Zyklon heran. Nur lange Wanderungen über die heiße, wassergesättigte Luft von Meeresflächen nähren ihn und machen ihn zum heulenden und zerstörenden Monstrum. Reisen über Land schwächen ihn rasch ab, doch zuvor schlägt er noch einmal verheerend zu. Küstenzonen sind daher besonders gefährdet; hinzu kommt, daß der enorme Tiefdruck, der den Zyklon begleitet, die ohnehin gewaltigen Wellen weiter nach oben saugt. Die eigentliche Gefahr der «Killer-Zyklone» sind daher nicht die Winde, sondern die Wassermassen, die sie an Land spülen, und die Inseln des Indischen Ozeans haben der Gewalt der Zyklone nur wenig Landmasse entgegenzusetzen. Ihr Glück ist es, daß sie im Entstehungsgebiet der Wirbelwinde und nicht in deren Zielgebiet liegen, also meist nur von relativ «jungen» Zyklonen heimgesucht werden. Trotzdem hat die Regierung von Mauritius ein ganzes Programm zum Bau von Schutzräumen und Küstensicherungen gestartet, um nicht einfach von den Stürmen weggepustet zu werden, die mit den Klimaveränderungen jedes Jahr stärker und gefährlicher werden.

Ulrich Fleischmann

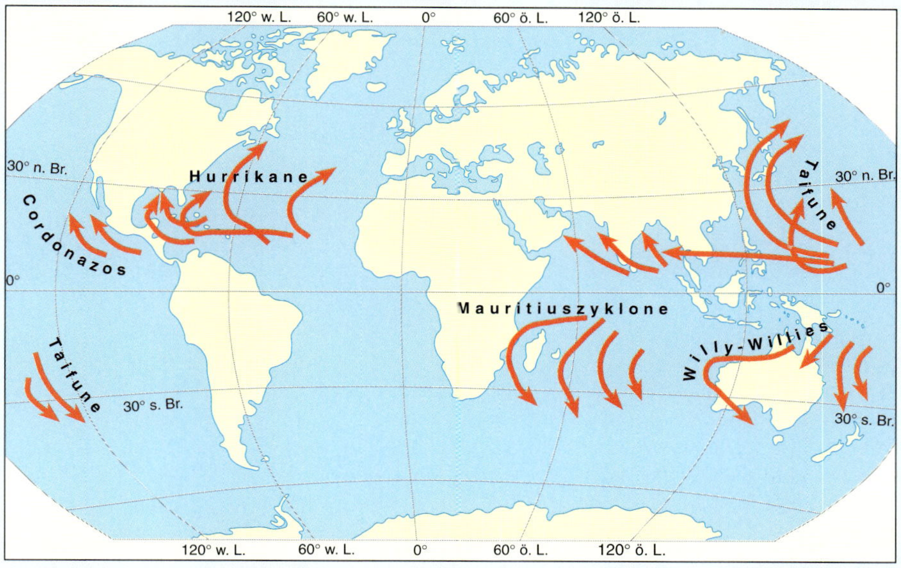

«Longtemps longtemps dans payi Maurice, ti éna éne léroi qui ti gagne éne grand bassin...» Dies ist der Anfang eines kleinen Märchens, das bereits 1888 aufgezeichnet wurde, und wer etwas Französisch kann, wird die Bedeutung der Worte schnell herausfinden: «Vor langer, langer Zeit gab es in Mauritius einen König, der ein großes Becken hatte...» Ein vereinfachtes Französisch, niedlich, fast kindlich, aber immer noch erkennbar Französisch, sagte man damals. Heute würde eine solche Aussage auf heftigen Protest stoßen, und daher hat ein moderner Dichter (indischer Herkunft!) 1967 das Märchen umgeschrieben: «Biê biê lôtâ dâ pei Moris ti ena ên lerwa...» Würden Sie immer noch auf Anhieb das Französische erkennen? Nein? Kreolisch erscheint eben nur dann als ein unfertiges «Gastarbeiter-Französisch», wenn man es mit dem Französischen vergleicht; verwischt man diese Spuren, so wird es zu einer ganz «normalen» Sprache mit eigener Grammatik und eigenen Sprachgesetzen, die man erlernen kann – relativ schnell sogar, denn es ist ganz regelmäßig und kennt nicht die schwierigen Verbformen des Französischen. Die Einfachheit dieses Systems, das sich die Sklaven erfunden hatten, ist der Grund dafür, daß heute das Kreolische die Sprache aller Mauritianer sein kann, auch wenn sie zu Hause, mit Freunden und Verwandten Französisch oder Hindi sprechen.

DIE KREOLISCHEN SPRACHEN

Ein Esperanto der Menschheit?

Kreolisch hat sich im 18. Jahrhundert in so weit voneinander entfernten Regionen wie der Karibik und Mauritius als einfaches Verständigungsmittel der Sklaven verschiedener Herkunft entwickelt. Trotz der großen räumlichen Distanz gibt es viele Gemeinsamkeiten, die die Sprachwissenschaftler heute in neuem Licht sehen.

Für die Sprachwissenschaftler sind die kreolischen Sprachen nicht nur ein Phänomen, weil sie zu den jüngsten Sprachen der Erde zählen. Es ließen sich eine ganze Reihe von Sprachregeln zusammenstellen, die der Kenner als «typisch kreolisch» bezeichnen würde und die nicht nur in Mauritius, sondern auch in der Karibik anzutreffen sind. Diese Ähnlichkeiten kann man sich eigentlich nicht recht erklären: Wie kommt es, daß die Sklaven der Karibik so ähnliche Regeln benutzt haben wie die des Indischen Ozeans, obgleich sie nie die Gelegenheit hatten, miteinander zu sprechen? Ursprünglich dachte man, daß sich alle kreolischen Sprachen auf der Grundlage alter Seemannssprachen entwickelt haben könnten. Heute zieht man eine andere, ebenso interessante Theorie vor: daß die Sklaven verschiedener Herkunft, die sich eine neue Sprache zur Verständigung untereinander erfinden mußten, alle auf die gleichen «Ur-Regeln» zurückgriffen, die in das Gehirn der Menschen genetisch einprogrammiert sind. So kommt man vielleicht über die kreolischen Sprachen einem alten Traum wieder näher: etwas über die «Ur-Sprache» zu erfahren, die die Menschen vor dem Turmbau zu Babel miteinander verbunden hat. *Ulrich Fleischmann*

In der Alltagskultur spricht – und schreibt man Kreolisch. Hier das Titelbild eines Heftes mit kreolischen Tierfabeln.

Sprachen. Offizielle Landessprache ist Englisch. Gesprochen wird vor allem Kreolisch und Französisch, ebenso Hindi. *Créole,* die Umgangssprache der Kreolen, wird nicht nur auf den Maskarenen, sondern auch in anderen ehemaligen französischen Kolonien gepflegt. Regierung und offizielle Stellen verwenden Englisch als Amtssprache, alle Straßen- und Verkehrsschilder sind englisch. Die Zeitungen drucken französisch mit kreolischem Einschlag.

Religionen. Die Verbreitung der Religionen wird statistisch nicht mehr erfaßt und beruht auf letzten Schätzungen. Danach stellen auf der Hauptinsel mit etwa 50 Prozent der Bevölkerung die Hindus die Mehrheit, gefolgt von 31 Prozent katholischen Christen (aus Europa und Afrika), 16 Prozent Moslems und 3 Prozent Chinesen (Buddhisten und Konfuzianer). Auf Rodrigues prägen Christen afrikanischer Herkunft (über 90 Prozent) das religiöse Leben.

POLITISCHES SYSTEM

Die Republik Mauritius ist seit 1992 eine unabhängige Präsidialdemokratie mit einem direkt von der Bevölkerung gewählten Parlament. Bereits am 12. März 1968 erlangte Mauritius seine Unabhängigkeit und politische Handlungsfreiheit, doch akzeptierten die Mauritianer für eine Übergangszeit die britische Queen als ihr Staatsoberhaupt; sie war in Port Louis durch einen Generalgouverneur vertreten. 1968 endete die 158jährige britische Kolonialherrschaft (seit 1810). Mauritius bleibt Mitglied des Commonwealth und steht unter dem vertraglichen Schutz des britischen Militärs.
Das Inselvolk wählt alle fünf Jahre (zuletzt 1992) in 21 Wahlkreisen die 70 Mitglieder seines Parlaments. Jeder registrierte Einwohner über 23 Jahre besitzt das aktive und auch das passive Wahlrecht. Der Regierungschef und der Präsident werden aus der Mitte des Parlaments bestimmt. Außerdem wählen jeweils im gleichen Jahr fünf Städte ihre Bürgermeister und vier ländliche Distrikte mit insgesamt 126 Gemeinden eine Distriktsregierung, die lokale und regionale Probleme regelt.

Kanone der alten französischen Festungsanlage an der Pointe de Diable, der Teufelsspitze, bei Beau-Champ an der Ostküste.

WIRTSCHAFT

Dank politischer Stabilität und freier Marktwirtschaft hat die mauritianische Ökonomie in den letzten beiden Jahrzehnten einen bemerkenswerten Aufschwung genommen – ohne nennenswerte Arbeitslosigkeit. Staatliche Anreiz- und Förderprogramme forcierten das ständige Wachstum kleiner und mittelständischer Unternehmen. Das Nettoeinkommen erwirtschafteten – in dieser Rangfolge – die Agrarwirtschaft (Zucker, Blumen, Tee), die Industrie (Textilien und Technologie), an dritter Stelle der Tourismus und zuletzt der zukunftsträchtige Dienstleistungsbereich (Offshore, Freihafen, Banking). Rohrzucker führt die Insel zu 60 Prozent in die Europäische Union aus. Textilien produziert Mauritius zu 73 Prozent in deutschem, französischem und britischem Auftrag; 17 Prozent werden nach den USA verschifft.

AUSKÜNFTE

Auskünfte vor der Reise
Mauritius Informationsbüro, Postfach 10 18 46, 60018 Frankfurt am Main, Tel. (0 61 71) 98 03 54, Fax (0 61 71) 98 06 52.

Air Mauritius, Niederlassung München, Herzog-Rudolf-Straße 3, 80539 München, Tel. (0 89) 29 00 39 30, Fax (0 89) 29 00 39 44.

Für die politische Vertretung der Republik Mauritius in der Bundesrepublik Deutschland ist die Mauritianische Botschaft in Brüssel zuständig, die konsularischen Aufgaben nehmen die Honorarkonsulate in Düsseldorf und München wahr.

Links: Swimmingpool im Hotel La Maison, einem ehemaligen Kolonialhaus am Cap Malheureux.

Rechts: Aus der Luft sieht man, wie harmonisch sich die Hotelarchitektur in die Landschaft fügt.

Auskünfte vor Ort
Mauritius Government Tourist Office, Emmanuel Anquetil Building, Ramgoolam Street, Port Louis, Mauritius, Tel. (0 02 30) 2 01 17 03, Fax (0 02 30) 2 12 51 42.

EINREISE

Es gibt etwa 50 deutsche, österreichische und Schweizer Reiseveranstalter und Reisebüros, die Pauschalreisen nach Mauritius und Einzelleistungen anbieten.
Angehörige aller Staaten der Europäischen Union (EU) sowie Staatsbürger der USA, der Schweiz und des Commonwealth benötigen für ihre Einreise nach Mauritius und Rodrigues kein Visum. Ein gültiger Reisepaß (kein Personalausweis!) sowie Tickets für Rück- und Weiterflug reichen aus. Besuchern, die diesen Bestimmungen entsprechen, wird bei der Einreise im Plaisance Airport südlich von Mahébourg die Genehmigung für einen einmonatigen Aufenthalt erteilt – mit Verlängerungsmöglichkeit bis zu maximal drei Monaten. Touristen ist es allerdings untersagt, während ihres Aufenthalts auf den Inseln irgend einer Art von Gelderwerb nachzugehen.

GESUNDHEIT

Mauritius birgt keinerlei außergewöhnliche Gesundheitsrisiken. Die Malaria ist durch Trockenlegung der Sümpfe im Norden seit 20 Jahren gebannt. Malaria- oder Hepatitis-Prophylaxe sind nicht mehr notwendig. Giftschlangen oder bissige Tiere gibt es nicht. Wie in allen tropischen Gebieten sind Sonnenbrand und Erkältungen durch Klimaanlagen die häufigsten – vermeidbaren – Erkrankungen. Apotheken, die ausreichende europäische Medikamente führen, gibt es zur Genüge. Ärzte und Schwestern halten Sprechstunden in den größeren Hotels ab. In die Reiseapotheke gehören Tabletten gegen Durchfall und Darmvergiftungen, Mikropur zur Entkeimung von Trink- oder Zahnputzwasser und Lutschtabletten gegen Halsentzündungen, die man sich im Tropenklima leicht holt.

Beim chinesischen Laternenfest tanzt ein bunter Papierdrache durch die Straßen.

UNTERWEGS IN MAURITIUS

Verkehr und Straßen. Das Straßennetz ist in den letzten Jahren zügig ausgebaut worden. Der Highway zwischen Grand Baie (Norden) und Plaisance (Süden) sowie die Straßen 1. Ordnung sind ausgezeichnet, die Straßen minderer Ordnung jedoch oft miserabel (unbefestigte Fahrbahnränder, Schlaglöcher und scharfe Kurven). Wie in England herrscht Linksverkehr.

MIT DEM WINDJAMMER RUND UM DIE INSEL

Wer hätte nicht einmal von der Freiheit der Meere geträumt? Ein Traum, zu dem prachtvoll getakelte Segelschiffe, türkisblaue Lagunen und tropische Inseln gehören. In Mauritius läßt er sich verwirklichen: Im Yachthafen von → *Grand Baie* ⑭ liegt die »Isla Mauritia«, ein im Jahr 1852 auf Mallorca erbauter Schoner, der zu Kreuzfahrten gechartert werden kann. Der ehemals spanische Windjammer ist 32 Meter lang, kann elf Segel setzen und hat seit seiner ersten Fahrt gut zwei Millionen Seemeilen zurückgelegt. Seine vielseitige zwölfköpfige Crew navigiert, steuert, takelt, kocht, singt und unterhält ihre Passagiere mit Seemannsgarn. Der Reeder lädt zu Tagestouren rund um Mauritius ein und nimmt dabei höchstens 75 Personen an Bord. Auf großer Fahrt werden auf der »Isla Mauritia« aber nur 17 Kojen besetzt. (Auskunft und Buchung: Yacht Charters, Tel. 2 63 83 16 oder 2 63 83 95.)

Busse und Mietwagen. Bequemstes und kostengünstigstes Verkehrsmittel auf der Insel sind die öffentlichen Linienbusse, die zwischen den meisten Orten auf der Insel regelmäßig verkehren – bis zum Einbruch der Dunkelheit. Die Fahrpläne liegen in Hotels und Postämtern aus. Für längere Taxi-Touren lassen sich glimpfliche Pauschalen aushandeln. Mietwagen sind in ausreichender Zahl bei Hertz, Avis, Europ-Car und lokalen Vermietern im Angebot. Ausländische Mietwagenlenker müssen mindestens 23 Jahre alt sein und ihren Führerschein mindestens ein Jahr besitzen.

den Stränden wird jedoch die First-class- und Luxus-Hotellerie bewußt gepflegt, um Mauritius den gehobenen Tourismus als Devisenbringer zu erhalten. Für Größe, Höhe und architektonische Gestaltung der Hotels gibt es in Mauritius strenge Vorgaben, so daß eine Zersiedelung ausgeschlossen ist. Die meisten Hotels sind als Einzelbungalows mit den inseltypischen Reetdächern, die sich um die Hauptgebäude und einen Poolbereich gruppieren, in lebendiger Architektur erbaut, sind voll klimatisiert, liegen direkt am Strand und bieten alle Wassersportarten kostenlos an.

Organisierte Touren. Örtliche Reiseveranstalter bieten Halb- und Ganztagstouren zu allen unter «Orte und Sehenswürdigkeiten von A bis Z» genannten Zielen an *(siehe Seite 71)*. Die wichtigsten Ausrichter, sogenannte Tour Operators, sind in den meisten Hotels vertreten, aber auch rund um die Uhr zentral erreichbar. Sie offerieren im allgemeinen mehrtägige Programme, Gruppentouren mit Kleinbussen oder auf Wunsch maßgeschneiderte individuelle Touren mit Pkw, Führer und Fahrer. Alle Veranstalter beschäftigen Reiseleiter, die gut Deutsch oder Englisch sprechen.

Auf Wunsch werden auch ausgefallene Aktivitäten realisiert, etwa Hochzeiten mit standesamtlicher Trauung – Trekkingtouren auf den Spuren des einheimischen Wildes – Exkursionen zu einer typischen Miniaturschiff-Manufaktur – Flightseeing und Fotosafari an Bord eines Glasboden-Hubschraubers – Gourmet-Fahrten zu verschiedenen Nobelrestaurants der Insel – oder zwei- bis fünftägige Ausflüge per Schiff oder Flugzeug zur Nachbarinsel Rodrigues.

ÜBERNACHTEN

Mauritius verfügt Mitte der neunziger Jahre über etwa 90 Hotels mit 4000 Betten. In den Städten sind vor allem einfache, kleinere Häuser der Mittelklasse zu finden. An

Ausgezeichnete Strandlagen und den Service des Top-Personals finden die Gäste in den Häusern der Hotelketten *Beachcomber* und *Sun International*. Unter deutscher Leitung steht das *Maritim Hotel* in Balaclava. Als der Geheimtip für Taucher, Schnorchler und Surfer kann das *Paradise Cove Hotel* am → *Cap Malheureux* ④ gelten. Golfer treffen sich neuerlich im Hotel *Belle Mare Plage*, zu dem der neueste und landschaftlich sehr reizvolle 18-Loch-Platz gehört (→ *Belle Mare* ②).

Als einziger Ferienclub ist *Club Méditerranée* mit 200 Plätzen im Norden von Mauritius seßhaft. Club Med ist für Kinder ideal, ebenso *Hotel Ambre* am Strand von Belle Mare und *La Pirogue* südlich von Flic-en-Flac. Teenager bevorzugen wegen der Diskotheken jedes Hotel in → *Grand Baie* ⑭.

Es gibt in Mauritius weder Jugendherberge noch Campingplatz, und wildes Zelten wird geahndet. Selbstversorger profitieren vom niedrigen Preisniveau und vom Währungsgefälle. Die Agentur MTTB vermittelt Apartments und Privatvillen in ausgesuchten Lagen mit oder ohne Bedienstete.

HOCHZEIT UNTER PALMEN

Wir haben geheiratet» – mit diesem Satz beginnt so manche Urlaubskarte aus Mauritius. Eine zauberhafte Landschaft, Sonnenscheingarantie und komfortable Hotels zum Wohlfühlen sind gute Gründe, sich das Jawort fern der Heimat zu geben: Und die Hochzeitsreise beginnt bereits im Standesamt. Die notwendigen Formalitäten lassen sich problemlos regeln, meistens sogar über das Reisebüro, bei dem man gebucht hat. Die Papiere, die für die Trauung benötigt werden, sind die gleichen wie zu Hause: Geburts- und Abstammungsurkunde, Reisepaß und eine Meldebescheinigung. Die deutschen Standesämter erkennen den Trauschein von Mauritius an. Auskünfte erteilt auch das Mauritius Informationsbüro *(Adresse siehe Seite 67)*.

Oben: An Luxushotels ist auf Mauritius kein Mangel. Und alle garantieren ihren Gästen eine gepflegte Anlage, schöne Gärten und einen eigenen Strand. Hier im «Shandrani» in Belle Mare.

Linke Seite: Der Tisch im Hotel Belle Mare Plage ist schon gedeckt (oben).

Traumhochzeit auf der Trauminsel? In Mauritius kein Problem. Und die passende Kulisse für die Flitterwochen liegt direkt vor der Tür (unten).

Rechte Seite: Wohnen wie im Paradies: Zu Füßen des Morne Brabant liegen zwei Luxushotels (oben).

Anglerglück: In den Gewässern von Mauritius sind große Fische keine Seltenheit (unten).

ESSEN UND TRINKEN

Die mauritianische Küche pflegt das kulinarische Erbe dreier Kontinente. Entsprechend der Zusammensetzung der Bevölkerung, kann man zwischen vier Kochschulen unterscheiden: der europäischen, kreolischen, indischen und chinesischen. Da diese sich auch im Küchenpersonal mischen, wird in Hotels an Büfetts und à la carte eine abwechslungs- und variantenreiche Kost geboten. Sehr beliebt und gut zubereitet sind scharfe Currygerichte mit Soße aus rotem Chili, gedünstete Gemüse der Insel, Palmherzensalat («Millionärssalat») und immer wieder Hochseefisch (Blauer Marlin, Makrele, Thunfisch). Die Speisekarten sind meist auf französisch, seltener auf englisch getextet.

Unschlagbar sind die Leistungen der Hotels am Frühstücksbüfett: Wer den Tag vegetarisch, nur mit tropischen Früchten beginnen möchte, wer auf britischen «Ham and eggs» und fetten Würstchen besteht, wer sein Petit déjeuner mit Kaffee, Croissants und Brioches beibehält, wer gern seinen «Morning-toast» mit frischem Lachs, Räucherfisch oder Meeresfrüchten belegt oder wer sein Müesli für physiologisch ratsam hält – jeder der Halbpension gebucht hat, kann das Frühstück nach Herzenslust zum Brunch ausweiten. Wer nicht bis zum Dinner durchhält, der legt einen Vier-Uhr-Tee mit mehreren hauchdünnen Crêpes an cremigem Coconut- oder Bananenmus ein.

Restaurants. Die Speisenvielfalt aber kann nur ermessen, wer in den exzellenten Restaurants der Einheimischen einkehrt. Ein Ausflug in die → *Domaine Les Pailles (siehe Seite 76)* sollte auch dem Gaumenkitzel dienen und mit dem Besuch von *La Canelle Rouge, Le Clos Saint Louis* oder bei *Fu Xiao* enden. Der Hauptstadt-Besucher unterbricht den Schaufensterbummel und setzt sich bei *La Flore Mauricienne,* im *La Bonne Marmite* oder im *Café du Vieux Conseil* zu Tisch. Restaurantführer verteilen das Mauritian Government Tourist Office, die Verleger Langlois & Lenoir sowie die Agentur Mautourco und Hertz Mauritius.

SPORT IN MAURITIUS

Für alle Sportarten auf dem Wasser, im oder unter Wasser sind die Bedingungen auf Mauritius das ganze Jahr über ideal. Schwimmer können im 26 °Celsius warmen, kristallklaren und sauberen Salzwasser der Lagune lange Bahnen ziehen. Die beaufsichtigten Hotel-Pools sind meist zwei Meter tief, gepflegt und zu attraktiven Badelandschaften ausgestaltet. Für Surfer, Segler, Wasserskiläufer und Schnorchler sind die Hotels gut ausgerüstet. Die über 20 Tauchzentren und -schulen der Insel haben an den schönsten Lagunen feste Plätze. Für Hochseeangler ist Mauritius das wahre Paradies, vor allem im *Centre de Pêche* an der Westküste und in der *Domaine de Pêcheur* im Osten (→ *Vieux Grand Port* ㉝). Wellenreiter treffen sich in der Tamarin-Bucht. Parasailer bevorzugen Thermik und Kulisse der → *Ile aux Cerfs* ⑯. Segler finden in den Lagunen, vor allem im Süden und Osten, stets eine leichte bis steife Brise. Für größere Segeltörns werden Jollen, Katamarane und ein alter Gaffelschoner verliehen oder verchartert *(siehe Seite 67).*

Reiter-Profis, -Amateure und -Schüler finden 40 edle Sportpferde und Ponys in der Reitschule *«Ecuries»* der → *Domaine Les Pailles (siehe Seite 76).* Hingegen dienen die traditionellen Pferderennen auf den → *Champs de Mars (siehe Seite 77)* weniger sportlicher Ertüchtigung, sondern eher der Volksbelustigung und schüren die Wettleidenschaft der Rennplatz-Besucher.

EINKAUFEN

Der Besucher kann auf der Insel gefertigte Waren in hoher Qualität zu außergewöhnlich günstigen Preisen einkaufen. Zur Deckung des eigenen Bedarfs oder als Mitbringsel besonders begehrt sind Textilien aus Baumwolle, Seide oder Kaschmir: Strand- und Badebekleidung, Saris, Seidenhemden, Kostüm- und Anzugstoffe, Pullover, aber auch handbestickte Tischdecken, Korbwaren und Modellschiffe.

Günstigste Einkaufsquellen sind Fachgeschäfte in den Städten sowie die betriebseigenen Läden der Textilfabriken und Diamantschleifereien. Eine schillernde Auswahl an 18karätigem Goldschmuck, Diamanten, Edelsteinen und Perlen wird bei *Poncini* in Port Louis oder bei *Adamas* in Floreal duty-free offeriert. Im Shop des *Artisanal Village* (→ *Mahébourg* ⑲) kommen Briefmarkensammler auf ihre Kosten.

GENÜSSE DES ORIENTS

Der große Markt von Port Louis

Auch wer sich in der lärmenden Hauptstadt Port Louis nicht lange aufhält, sollte für den Marché Central gebührend Zeit einplanen. Mit ihrem überreichen Angebot gleichen die Markthallen im Zentrum von Port Louis einem orientalischen Basar, in dem es alles gibt, was das Herz begehrt: von kunstvoll aufgetürmten Früchten und Gemüsen bis zu farbenfrohen Textilien und blumig duftenden Parfümessenzen.

Der größte ständige Markt der Insel ist nicht zu verfehlen: Unweit des Gouverneurspalastes liegt der rechteckige Komplex mit den Markthallen zwischen der Farquhar und der Queen Street. Doch auch in den angrenzenden Gassen locken zahlreiche kleine Läden, so daß man aufpassen muß, nicht bereits hier hängenzubleiben – so überwältigend ist dieser Schnittpunkt der Kulturen und der Genüsse des Orients, von Arabien bis China und von Afrika bis Indien.

Eine besondere Attraktion des Marktes sind die exotischen Gewürze und Essenzen. Allein die Zahl der Currysorten verwirrt, und wem sie noch nicht ausreicht, der kann sich seine ganz persönliche Mischung aus Ingwer, Zimt, Piment, Nelken, Chili und anderem selbst herstellen. Manche Gewürzmischungen bestehen aus 20 und mehr verschiedenen Ingredienzen. Eines der wichtigsten davon ist das gelbe und intensiv färbende Kurkuma, das hier irreführenderweise auch unter dem Namen »Safran« verkauft wird und allen Fisch- und Reisgerichten ihre besondere farbliche Note gibt. Es gibt noch so manch andere spezielle Reisgewürze, deren Duft später die häusliche Küche in einen orientalischen Basar verwandeln wird. Dazu kommen arabische und indische Spezereien und Kräuter, deren Verwendung (und Wirkung!) wortreich erklärt wird. Vetiverkraut, Vanilleschoten, Heilkräuter und aromatisierte Teesorten tragen ihren Teil zum wohlriechenden Durcheinander bei.

Kunstvoll aufgetürmt und appetitlich drapiert: Papayas (rechts); verschiedene Gemüse (unten links); Mangos und Langusten (unten rechts).

Das bunte Angebot ist ganz auf die Alltagsbedürfnisse der mauritianischen Hausfrau abgestimmt: Fleisch und Fisch, Gemüse und Obst. Die appetitlich arrangierten Meeresfrüchte und Gemüse sind für den Reisenden zwar immer ein schönes Fotomotiv, die sinnliche Freude des Zubereitens aber bleibt ihm ohne eigenen Herd verwehrt. Anders ist es mit den Früchten. Von europäischen Märkten vertraut sind Bananen, Ananas, Pampelmusen, Avocados, ja sogar Granatäpfel. Exotischer ist die grüne Papaya, die man wie eine Melone zerteilt und deren orangefarbenes Fruchtfleisch am besten mit einem Spritzer Zitrone schmeckt, oder die Litschis, um deren Kern eine schmale Schicht säuerliches weißes Fruchtfleisch liegt. Mangos gibt es hier in vielen Variationen; reif und frisch sind sie so voller süßem und klebrigem Saft, daß man sie am besten in der Nähe eines Wasserhahns essen sollte. Die säuerliche Carambola ist eine angenehme Erfrischung für unterwegs. Einen birnenähnlichen Geschmack haben die Guaven, die auf Mauritius gern zu einer festen Paste verarbeitet werden; die Stachelanone (Corosol) ist eine grüne, stachelige Frucht, aus derem weißen und wattigen Fleisch oft ein Saft gepreßt wird, der allerdings nicht jedermanns Sache ist.

Doch in den Markthallen ist nicht nur für leibliche Genüsse gesorgt: Die hübschen Baumwollkleider oder bunten Hemden aus der mauritianischen Textilindustrie, Saris aus Indien, Lederwaren, vor allem raffinierte Taschen aus Madagaskar, Muscheln, Ketten oder Flechtwaren sind preiswert und können ein schönes Souvenir aus Mauritius sein. *Ulrich Fleischmann*

ORTE UND SEHENSWÜRDIGKEITEN VON A BIS Z

Die Zahlen im Kreis verweisen auf die Karte auf Seite 63, kursive Seitenzahlen am Ende eines Abschnitts auf Abbildungen.

Beau Bassin ①, zusammen mit der Nachbarstadt Rose Hill zwischen Port Louis und Curepipe gelegen und mit etwa 100 000 Einwohnern die größte Ansiedlung von Mauritius, erstreckt sich zwischen zwei Höhenzügen entlang der Hauptinselstraße. Sein Name stammt von einem großen Trinkwasserreservoir, dessen Umgebung gärtnerisch gestaltet ist. In Beau Bassin sind die östlichen Stadtteile mit dem tropischen Bürgerpark *Jardin Balfour* und dem *Thabor-Kloster* sehenswert. Gut erhalten ist die Arabische Stadt («Arab town»), wo man den lebhaften Basar besuchen sollte.

Links: Die Kapelle Notre-Dame Auxiliatrice am Cap Malheureux (oben).

Der Hindutempel von Poste de Flacq erhebt sich auf einer kleinen Landzunge direkt am Meer (unten).

Rechts: Blick vom Cap Malheureux auf die Insel Coin de Mire, die auch Gunner's Quoin genannt wird. Früher war sie für die Seeleute ein Markierungspunkt auf dem Weg zum Hafen von Port Louis.

Belle Mare ② heißt einer der schönsten Küstenstreifen mit feinsandigen Stränden, Buchten mit mehreren luxuriösen und einfachen Hotels und ausgedehnten Filao-Wäldchen im Osten der Insel. Das flache Hinterland, das zur Gemeinde *Poste de Flacq* gehört, ist durch Zuckerrohrplantagen geprägt, umfaßt aber auch einen Wildpark, eine Austern- und Hummerzucht, ein landwirtschaftliches Versuchsgelände der Regierung und zwei Golfplätze (von 9 und 18 Loch). *4/5, 13, 24, 68, 84/85*

Blue Bay ③. Die halbkreisartige Bucht im Südosten der Insel, von schattigen Casuarina-Bäumen umstanden, gilt als einer der schönsten Badeorte der Insel mit ausgedehntem weißem Sandstrand und der tosenden Brandung des hier besonders nahen Korallenriffs. Die Bucht wirkt wie ein hellblau gekacheltes Schwimmbecken mit kristallklarem Wasser und eignet sich besonders gut zum Segeln und Windsurfen.

Cap Malheureux ④. Die Nordspitze von Mauritius ist benannt nach dem Malheur eines am Riff gesunkenen Einwandererschiffes. Sie bietet einen phantastischen Ausblick auf vier vorgelagerte kleinere Inseln: *Coin de Mire, Ile Plate, Ilot Gabriel* und *Ile Ronde* (mit der *Ile aux Serpents* im Hintergrund). Nahe dem Kap lädt ein farbenfroher Hindutempel zur Besichtigung. Die Küste ist hier unwirtlich und vom Tourismus fast unberührt, doch ein Küstenstreifen mit schönem Strand und privaten Ferienhäusern reicht vom Westen bis nahe ans Kap heran. Historische Bedeutung erlangte das Kap am 2. November 1810, als hier Teile der britischen Invasionsarmee an Land gingen und der französischen Kolonialherrschaft ein Ende setzten. *67*

Casela Bird Park ⑤. Das weitläufige Vogelschutz-Areal liegt südwestlich von → *Rose Hill* ㉖. Es gilt als eine der größten Attraktionen der Insel und stellt eines der bedeutendsten ornithologischen Reservate der Welt dar. Der Park beherbergt neben den verwandten Arten der ausgestorbenen mauritianischen Laufvögel *Dodo* und *Solitaire* 140 Arten und 2500 Vögel aller Kontinente, darunter die ganz seltene rosafarbene Mauritius-Taube. Auf einer Safari durch den Park begegnet der Besucher außerdem fliegenden Füchsen, Riesenschildkröten, Affen, Tigern und Panthern.

Centre de Flacq ⑥ ist das Zentrum des fruchtbaren östlichen Flachlands. Einige Baudenkmäler der Provinzhauptstadt zeugen von der niederländischen und französischen Kolonialzeit, etwa Distriktgericht und Gefängnis. Es war die Stadt der Zuckerbarone und Reisbauern. Die Gegend rund um Centre de Flacq wird auch heute noch von einem der modernsten und sozial engagierten Zucker-Unternehmen beherrscht, der *Constance & La Gaieté S. E. Co.* Ihr Umfeld fällt auf durch gepflegte Straßen, Sport- und Gartenanlagen mit der Farbenpracht vieler wildwachsender Gladiolen. Mit Blumenexport, Wildaufzucht, Hummerzucht und Hotellerie haben sich die Eigentümer schon längst von der Monokultur des Zuckers verabschiedet.

Chamarel ⑦, einer der wenigen mauritianischen Gebirgsorte im Südwesten, in 500 Meter über dem Meeresspiegel unterhalb des höchsten Berges der Insel, des *Piton de la Rivière Noire,* gelegen. Der Wasserfall *Cascade Chamarel,* eingerahmt mit tropi-

scher Vegetation von außergewöhnlicher Üppigkeit und überwältigender Schönheit, stürzt 90 Meter tief hinab in ein Bassin, in dem gebadet werden darf.
In den Wäldern ringsum leben noch Wildschweine, Affen und Fledermäuse. In der Nähe des Wasserfalls befinden sich die berühmten *Terres de Couleurs.* Bei dem Naturphänomen der «farbigen Erden» handelt es sich um oxidiertes Lavagestein in welligen Bodenformationen. Der Grundton des Felsens ist rosarot, aber das vegetationslose Erdreich nimmt bis zu acht unterschiedliche Farbtönungen an, die vor allem in der Dämmerung prächtig schillern.

Curepipe ⑧. In der Mitte der Insel und relativ kühl gelegen, ist Curepipe mit seinen 76 000 Einwohnern die drittgrößte Ansiedlung von Mauritius. Die Legende bezieht den Namen der Stadt auf pfeiferauchende Händler und Landsucher, die einst mit ihren Kutschen vom Hafen heraufgekommen waren. In Curepipe dominiert der weiße Bevölkerungsteil. Es ist die Stadt der Schulen und Lehranstalten, etwa des *Royal College.* Mittags ergießen sich Schwärme von Schülern in einheitlicher Collegetracht ins sonst recht nüchterne, von Zweckbauten beherrschte Stadtbild. Sehenswert sind die guterhaltene neugotische *St.-Theresien-Kirche,* die *Carnegie-Bibliothek* mit ihrer wertvollen madegassischen Dokumentensammlung und – als Zeugnis kreolischer Baukultur – das *Rathaus* mit seinen Säulen, Veranden und Freitreppen. Curepipe ist beliebt als Einkaufsstadt, etwa für Haushaltswaren, chinesische Kleiderstoffe und geschliffene Edelsteine. *51*

Domaine d'Ylang ⑨, ein agrarisches Pilotprojekt auf 122 Hektar küstennah im Südosten, benannt nach dem Ylang-Ylang-Baum *Cananga odorata,* dessen Blüten ein blumiges Odeur verbreiten. Aus Blättern, Blüten und Früchten 20 verschiedener tropischer Gräser, Büsche und Bäume (zum Beispiel *Citronelle, Canelle* und *Jasmin*) werden durch Destillation aromatische Essenzen gewonnen und über Zwischenhändler an die (meist französische) Parfümindustrie verkauft. Touristen können die Domäne besichtigen; ihr Mitbringsel sind kleine Flacons mit betörend wohlriechenden Essenzen, die man dort kaufen kann.

Domaine du Chasseur ⑩, nordöstlich von Mahébourg gelegen, ist Jagdreservat der Insel. 500 Hektar Privatgrund mit Tausenden wildlebender Java-Hirsche, Wildschweinen, Fledermäusen, Affen und der seltenen mauritianischen Falkenart Kestrel. Hier ist noch ein Rest der ursprünglichen Vegetation mit Ebenholz- und Zimtbäumen, Flaschenpalmen und vielen nur auf Mauritius existierenden Pflanzenarten erhalten. Zur Einkehr verlockt das malerische Bungalow-Hotel der Domäne, das ein Geheimtip für Wildspezialitäten ist. Die Verwaltung der Domäne lädt jedermann zur Jagd ein und stellt die Ausrüstung. *56/57*

Eureka ⑪, ist eines der schönsten kreolischen Kolonialhäuser, im Hochland zwischen Moka und St. Pierre, östlich von → *Rose Hill* ㉖ gelegen. Das im Jahr 1830 erbaute, antik möblierte Herrenhaus mit schattiger, umlaufender Veranda ist von einem riesigen Park umgeben. Es diente einst britischen Gouverneuren als Sommerresidenz, ist heute zum Kolonialmuseum ausgestaltet und wird als Galerie zeitgenössischer mauritianischer Künstler genutzt.

Goodlands ⑫. Die aufstrebende Provinzhauptstadt hoch im flachen Norden lebte einst vom Zucker. Ihre Bevölkerung hat sich bei der Trockenlegung der Sümpfe durch den Intensivanbau von Eukalyptus-Bäumen und damit um die Ausrottung der Malaria übertragenden Anopheles-Mücke verdient gemacht. Heute beherbergt Goodlands mehrere Textilfabriken in jüngster Zeit zugewanderter Chinesen, die ihr Kapital aus Hongkong abziehen und in Mauritius anlegen. In Goodlands kann die erfolgreiche Modellschiff-Fabrik *Historique Marines* besichtigt werden, die alte Schiffe originalgetreu en miniature nachbaut.

Gorges de la Rivière Noire ⑬. Der Canyon im Verlauf des Schwarzen Flusses vermittelt eines der eindrucksvollsten Landschaftserlebnisse im Landesinneren von Mauritius. In einer Schlucht zwischen den Bergen *Piton de la Rivière Noire* (828 m) und *Montagne Brise Fer* (624 m) stürzen die Wassermassen tosend in die Tiefe, malerisch umrahmt von der üppigen tropischen Vegetation und akustisch untermalt vom Geschrei exotischer Vögel.

Grand Baie ⑭. Die große Bucht mit der gleichnamigen belebten Ortschaft im Nordwesten ist das Zentrum für Tourismus und

Linke Seite: Die Kirche Ste-Hélène in Curepipe. Die neoromanische Basilika mit ihrem massigen Westturm zeigt eine schöne Fensterrose über dem Westportal (links).

Auf eine beeindruckende Urwaldlandschaft mit Flüssen und Wasserfällen trifft der Wanderer im Südwesten der Insel bei Chamarel (rechts).

Mitte: In den Ausläufern der Bambou Mountains nördlich von Mahébourg liegt die Domaine du Chasseur, ein rund 500 Hektar großes Naturschutzgebiet und vielbesuchtes Jagdrevier.

Rechts: Die Kolonialvilla Eureka wurde 1830 am Fuß der Moka-Berge errichtet. Da sie 1986 in ein Museum umgewandelt wurde, kann man die Innenräume mit der alten Möblierung besichtigen.

Wassersport – mit noblen Hotels, Yachtklubs, Apartmenthäusern, Sportgeschäften, Boutiquen und kleinen Cafés. Die Bay wird vom Tourist Board auch «Côte d'Azur von Mauritius» genannt. Das türkisfarbene Wasser wird von ungezählten Seglern, Surfern, Motorbooten und luxuriösen Yachten befahren; seine Sauberkeit gilt daher als gefährdet. An der Bucht unterhalten einige der reichsten weißen Familien ihre Villen. In ihrer Nachbarschaft gibt es einige der besten Speiserestaurants der Insel, zum Beispiel *Le Bateau Ivre*. Grand Baie ist seit 1994 durch eine Schnellstraße mit → *Port Louis* (23) und dem Flughafen Plaisance bei → *Mahébourg* (19) verbunden. *23, 31, 48*

Grand Bassin (15). Dieser erloschene Vulkanschlot gilt den Hindus als heiliger See. Er liegt auf halber Strecke zwischen Curepipe und Baie du Cap in 700 Meter Höhe. Hunderttausende weißgewandeter Pilger kommen jährlich Ende Februar/Anfang März zu Wasser, zu Land und durch die Luft hierher zum *Maha-Shivaratree-Fest*, dem bedeutendsten Treffen der Hindus außerhalb Indiens, steigen singend und tanzend zum See hinab und bringen Blumenopfer. Das Bassin säumen Heiligenschreine, Götterstatuen, Tempel, Versammlungshallen, Sanitäranlagen – und ein riesiger Pilgerparkplatz. *(Siehe auch Seite 45.)*

Ile aux Cerfs und **Ile de l'Est** (16). Das Inselpaar an der Ostküste vor → *Trou d'Eau Douce* (32) ist eine Oase für Badende, als Urlaubszentrum aber noch nicht so belebt wie die → *Grand Baie* (14) im Westen. Die Ile aux Cerfs, zu deutsch Hirschen-Insel, lockt mit herrlichen Sandstränden, Schnorchelgründen, Filao-Wäldern, zwei guten Restaurants und einer Strandbar. Die Ile de l'Est hingegen hat zur offenen See hin traumhaft leere Badebuchten, besteht aber landwärts aus Mangrovendickicht. Von den Parkplätzen an der *Pointe Maurice* oder am Luxushotel *Touessrok* gibt es einen Boots-Shuttle zu den Inseln. *2/3, 82/83, 84/85*

La Vanille (17). Die Krokodilfarm La Vanille liegt im Süden von Mauritius, auf halbem Weg zwischen → *Mahébourg* (19) und Baie du Cap. Hier werden Krokodile und andere seltene Echsen gezüchtet (was die Tierart gleichzeitig vor völligem Aussterben in der freien Wildbahn rettet). Zu besichtigen sind auch einige für Mauritius typische Tierarten, wie Chamäleons, Hasen, Affen, Zwergschweine und Java-Hirsche. Der australische Patron beantwortet Fragen zu Flora und Fauna und unterhält als Museumsstück eine alte Dampflok, die früher zum Zuckerrohrtransport diente.

La Val (18). Der 100 Morgen große Naturpark im Südosten von → *Curepipe* (8) liegt in einem von Wasserläufen durchzogenen und von gewaltigen Bergmassiven gesäumten Tal mit Quellgewässern mit Garnelen, Aalen und Karpfen, Teichanlagen mit Brunnenkresse und Wasserrosen und Schattenhäusern mit Anthurien. Im Park sieht man außerdem Rotwild, Affen und seltene Vögel. Geführte Touren für kleine Gruppen werden angeboten (Tel. 6 31 90 51).

Mahébourg (19). Die ehemalige Hauptstadt von Mauritius wurde nach dem französischen Gouverneur Mahé de Labourdonnais (Amtszeit 1735 bis 1746) benannt und hat heute 25 000 Einwohner. Zwischen dem Vorort *Ville Noire* und Mahébourg überquert man auf einer Steinbrücke den Mündungsarm der *Rivière la Chaux*. Von der historischen Bedeutung Mahébourgs künden ein Denkmal für die Opfer der Seeschlacht von 1810 gegen die Engländer und ein zweites von der Aufhebung der Sklaverei (1835) durch die Engländer sowie das *Musée Naval*. Das Marinemuseum ist im Château Robillard untergebracht, einem 1772 erbauten französischen Kolonialhaus. Es erlangte Berühmtheit, als es 1810 zwei verwundeten Schiffskommandanten, dem französischen Verteidiger Duperré und dem britischen Angreifer Willoughby, gleichzeitig Zuflucht bot. 1947 kaufte die Gouvernements-Regierung das Gebäude und richtete darin das Marinemuseum ein. Anhand von Dokumenten, Seekarten, Trophäen und Fundstücken aus gesunkenen Schiffen wird gezeigt, daß die Geschichte von Mauritius durch Entdeckungen und Eroberungen von See her geprägt war.

Gleich neben dem Marinemuseum (nahe dem Flughafen Plaisance) wurde mit dem *Artisanal Village* ein Kunstgewerbedorf mit Musterwerkstätten eingerichtet, wo einheimische Kunsthandwerker ihre Talente zeigen. Hier kann man alles kaufen, was auf der Insel als Souvenirs hergestellt wird: bedruckte und bestickte T-Shirts, Schmuck aus Schildpatt und Muscheln, bemaltes Spielzeug aus Holz und Metall, Leinen-

INSEL IM AUFBRUCH: RODRIGUES

Östlich von Mauritius liegt die mit 110 Quadratkilometer Fläche kleine Insel Rodrigues, von der in Europa kaum einer weiß, daß sie auch zum mauritianischen Staatsgebiet gehört. Die entwicklungsfähige Schöne mit dem spröden Charme zieht seit einigen Jahren Investoren an – und Besucher, die hier einsam und einfach, aber einmalig Ferien machen wollen.

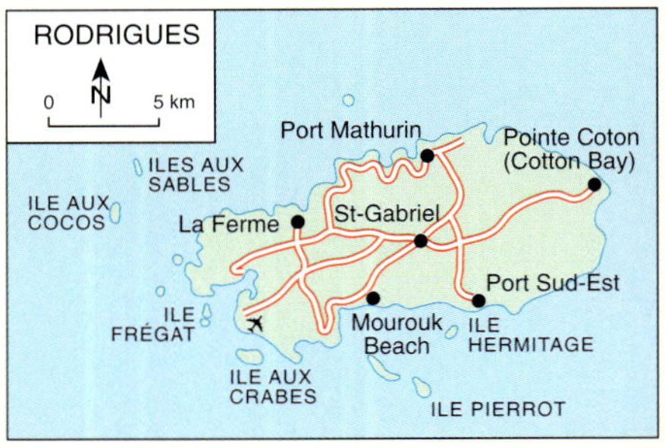

Anno 1534 kam der portugiesische Seefahrer Diego Rodriguez zufällig vorbei. Er blieb nicht, aber nach ihm nannten sie später die Insel. Schon ein Viertel Jahrhundert vor ihm hatte sein Landsmann Pedro Mascarenhas auf einer Expedition nach Australien «seine» Inselgruppe entdeckt: die Maskarenen. Auch er war nicht geblieben. Fast 500 Jahre später bleiben auf der kleinsten der Maskarenen jährlich freiwillig über 14 000 Fremde. Sie beraten, bauen und baden.

Die kleine Schwester von Mauritius liegt rund 650 Kilometer östlich im Indischen Ozean. Eine Propellermaschine ATR-42 von Air Mauritius überbrückt die anderthalb Flugstunden. Die «Mauritius Pride», das Fährschiff, das erst 1992 in Kiel vom Stapel gelaufen ist, braucht eine kleine Tagesreise von Port Louis nach Port Mathurin. Und bald sollen 35 000 Insulaner auch durch Telefon, Telefax und Television noch näher an Mauritius heranrücken.

Genauso wie Mauritius ist Rodrigues vulkanischen Ursprungs und von Korallenriffen umringt. Schwarze Lavabrocken lagern nicht nur in der Lagunenlandschaft, sondern sind Altbausubstanz von Kirchen und Katen. Anders als in Mauritius siedeln auf Rodrigues 80 Prozent farbige Einwanderer aus Afrika und Madagaskar und deren Nachkömmlinge, keine Inder, kaum Chinesen, aber 15 Prozent Europäer und ihre Mischlinge – und zu 95 Prozent sind sie katholische Christen, wenigstens nominell.

Kirche und Pfarrer spielen indes eher eine soziale Rolle. Jeden Sonntag eilen 400 bis 500 heiratsfähige Teenager hübsch aufgeputzt viele Kilometer weit zu Fuß zur Inselmitte nach St. Gabriel – die einzige Chance, unbeaufsichtigt ihre Freier zu treffen, die nach der Messe vor dem Gotteshaus Spalier stehen und Brautschau halten. Doch sind die Burschen heillos in der Minderzahl; denn wer weiter will, verläßt die arme Insel, um auf Mauritius voranzukommen oder in Europa zu studieren.

Anders als Mauritius bauen sie auf Rodrigues kein Zuckerrohr an und kennen auch keine Landlords. Kleinstbauern pachten Regierungsland, füttern Rinder, Schafe und Ziegen schlachtreif oder pflanzen und ernten süße Kartoffeln, Zwiebeln, Knoblauch und Gemüse. Die Fischer von Rodrigues trotzen der Lagune jährlich 1500 Tonnen Meeresfrüchte und Fische ab und versorgen damit die Küchen der großen Schwester. Stolze Insulaner sehen ihr Eiland gern als «die Speisekammer von Mauritius».

Economy und Entwicklungsprojekte beginnen die herbe Schönheit der vielfach unberührten Insellandschaft zu verändern: Port Louis ermutigt seinen 21. Wahlbezirk erfolgreich zu Terrassierung und Bewässerung. Die Europäische Gemeinschaft als Handelspartner Nummer eins stiftete 1986/87 mehrere Millionen Rupien für Straßenbau und Erschließung des hügeligen und oft unwegsamen Eilands. Und der Rotary Club sorgt sich rührend um die Pflege verwahrloster Friedhöfe und läßt an Bushaltestellen Wetter- und Wartehäuschen bauen. Jeder hilft, wie er kann.

Im Watt waten organisierte Fischerfrauen auf der Suche nach Meeresfrüchten. Noch stoßen sie ihre Lagunenboote mit langen Stangen voran. Kolleginnen an der Küste werden im Windschatten von Filao-Wäldchen jetzt vermehrt Zwiebeln und Gemüse

Oben: Unberührte Natur, wie es sie kaum mehr gibt: Entlang der Ostspitze von Rodrigues, der Pointe Coton, erstreckt sich einer der schönsten Strände der Insel. Früher war die Insel von dichtem Regenwald bedeckt, der jedoch in den vergangenen Jahrhunderten weitgehend abgeholzt wurde.

Rechts oben: Die Kulturlandschaft der Insel ist vom Gemüseanbau geprägt. Im Hintergrund eine kleine Bananenpflanzung.

Port Mathurin, der Hauptort von Rodrigues, ist ein einfaches Städtchen mit einigen hübschen Häusern und kleinen Hotels.

anbauen. Auf halber Höhe der sanften Hügel schreiten Terrassierung und Urbarmachung des Bodens langsam fort. Doch von den kargen beweideten Gipfeln herab schweift der Blick noch über unberührte, immergrüne Täler und Schluchten mit 35 Arten selten dickblättriger Bäume, die nur auf Rodrigues gedeihen.

Als letzte Zeugen der guten, alten Kolonialzeit verfallen in der Hauptstadt Port Mathurin die buntbemalten Blechhütten und hölzernen Herrenhäuser. Sie weichen modernen Wohn- und Verwaltungskästen aus Beton – allen voran Barclays Bank, das Rodrigues-Ministerium und Telekom. Mit protzigen Reklameplaketten von Camel und Marlboro, Coca-Cola und Sprite, Shell und Cadbury verzieren Händler ihre Miniläden und verkünden allenthalben den Vormarsch der westlichen Konsumgesellschaft. Die Straßen der Insel werden gesäumt von rund 400 halbfertigen, betongrauen Rohbauboxen, die wie ein Ei dem anderen gleichen – jede mit 18 Quadratmeter Grundfläche. Der Staat errichtet sie für Obdachlose, denen der Zyklon ihre windschiefen Behelfsheime vollends weggepustet hatte. Andere unverputzte Rohlinge von Firmen- und Familiengründern verschandeln bis zum nächsten Lottogewinn das Landschaftsbild, sollen aber Boten des Fortschritts zu mehr Lebensqualität sein.

Mit schönen Badestränden ist Rodrigues nicht gerade reich gesegnet, doch dank Mourouk Beach im Süden und Pointe Coton (Cotton Bay) im Osten setzen die Insulaner selbstbewußt auch auf die touristische Trumpfkarte. Zwei schmucke, gutgeführte Lagunenhotels, die sich hinter schattigen Casuarina-Wäldchen ducken, können 60 beziehungsweise 100 Gäste beherbergen, die vor allem baden, surfen und in der Natur entspannen wollen.

Die schönsten Naturstrände allerdings umranden die *Ile aux Sable* und die *Ile aux Cocos,* zwei von elf Miniinseln innerhalb des Korallengürtels. Die ovalen Naturschutzgebiete sind seltenen Wasservögeln und Strandläufer-Krebsen vorbehalten. Nicht mehr als 20 Menschen täglich dürfen dort mit dem schriftlichen Okay der örtlichen Behörden und einem ortskundigen Skipper eine Stippvisite abstatten.

Im Jahr 1810 eroberten die Briten Mauritius von Rodrigues aus – schlagartig, in einer militärischen Blitzaktion. In den letzten Jahren des 20. Jahrhunderts werden die Europäer Rodrigues von Mauritius aus wiederentdecken – und beleben, behutsam und friedlich. *Eberhard B. Freise*

säckchen für Rohrzucker und Vanilletee, Miniaturschiffe, Dodo-Nachbildungen und – preiswert – jede Menge philatelistischer Seltenheiten. Die staatlichen Kunstgewerbeläden sind unter anderem in der → *Domaine Les Pailles (siehe unten)* und in der Abflughalle des Flughafens.

AUSFLUG IN DIE KOLONIALZEIT

Südlich von Port Louis liegt die Domaine Les Pailles, der öffentlich geförderte gelungene Versuch eines reichen Bürgers von Mauritius, den Besuchern der Insel, Lebensbedingungen und Lebensart der Kolonialzeit live nahezubringen. Ein 15 000 Hektar großes Gelände wurde Anfang der neunziger Jahre als Natur- und Kulturmuseum früherer Jahrhunderte nachgebildet. Den Besucher erwarten nicht nur interessante Sehenswürdigkeiten, sondern auch ein reiches Programmangebot: Der Gast wird am Eingang von Nachfahren farbiger Sklaven mit der Pferdekutsche abgeholt, besichtigt eine alte Zuckerrohrmühle, bestaunt die älteste Rum-Destille von 1758, speist in drei exzellenten Restaurants und genießt dabei das Ambiente eines stilgetreu nachgebildeten kolonialen Herrenhauses, durchquert einen duftenden Kräutergarten, wagt den Ausritt auf dem Rücken eines edlen Pferdes und schwingt sich auf den Landrover für eine Abenteuerfahrt durchs Wildgehege zu einem Jagdcottage in den Moka-Bergen (Auskunft: Tel. 2 12 42 25).

Mare aux Vacoas ⑳. Der größte Binnensee auf Mauritius liegt in 600 Meter Höhe südlich von → *Curepipe* ⑧. Er dient als Trinkwasserreservoir und speist außerdem ein Wasserwerk. Hier erinnert das Landschaftsbild fast an den Schwarzwald: Dichter Forst, geschlagene Holzmeter, Ginster, Fingerhut und Enzian. Passable Wanderwege führen durch dieses Gebiet und die hier herrschenden deutlich kühleren Temperaturen animieren zu langen Spaziergängen und zum Picknick.

Morne Brabant ㉑. Die Halbinsel an der Südwestspitze ist eine der attraktivsten Baderegionen von Mauritius, ihr vorgelagert die Lagunen-Insel *Ile aux Bénitiers*. Sie wird vom gleichnamigen Felsberg von 550 Meter Höhe beherrscht, der zu waghalsigen Kletterpartien reizt. Gedenktafeln und ein Kreuz künden vom tragischen Schicksal, das Hunderte Sklaven der französischen Kolonialzeit erlitten, die auf dem Felsen ihre letzte Zuflucht suchten. Als britische Soldaten ausschwärmten, um ihnen die Nachricht von der Aufhebung der Sklaverei zu bringen, stürzten sich viele Leibeigene verzweifelt vom Berg hinunter ins Meer, weil sie ihr Versteck von den Sklavenhaltern entdeckt glaubten. *14, 22, 23, 69*

Pamplemousses ㉒. Der Ort nordwestlich von Port Louis im Hochland, vom Weltreisenden Jacques Leclercq als »Paradies der Insel Mauritius« tituliert, ist durch seinen *Botanischen Garten* weltweit berühmt geworden. Aus dem ehemaligen Gemüsegarten des Gouverneurs Mahé de Labourdonnais ließ die französische Ostindien-Gesellschaft aus handfesten wirtschaftlichen

Oben: Der Botanische Garten von Pamplemousses gehört zu den artenreichsten tropischen Gärten der Welt.

Linke Seite: In Mahébourg (links oben).

Picknick am Lac La Nicolière, einem kleinen Stausee östlich von Port Louis (rechts oben).

Die Rochester Falls bei Souillac (rechts unten).

Rechte Seite: Der Botanische Garten ist von einem gut ausgebauten Wegenetz durchzogen.

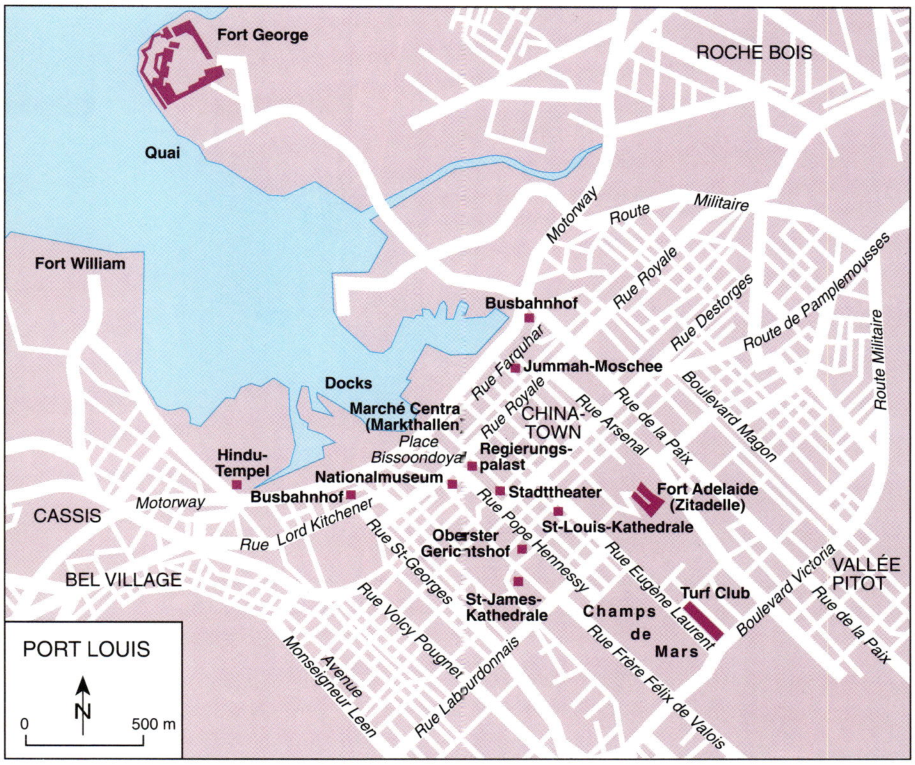

Interessen einen tropischen Garten entstehen. Dadurch wollte man das Gewürzmonopol der Holländer brechen, und der Export von Zierpflanzen nach Europa versprach einträgliche Geschäfte.

Heute ist der Botanische Garten Touristenziel Nummer eins auf Mauritius. Besonders eindrucksvoll sind seine Riesenfarne, Riesenseerosen, Riesenpalmen und Riesenschildkröten – und die riesige Farbenpracht. Pamplemousses selbst ist auch reizvoll durch die Ansammlung besonders schöner Landsitze und gepflegter Kolonialhäuser, insbesondere des *Château de Mon Plaisir,* das Gouverneur Mahé de Labourdonnais erbauen ließ. Die katholische Kirche *St. François* ist das älteste Gotteshaus auf der Insel und birgt sehenswerte architektonische Details. Der Friedhof steht unter Denkmalschutz; hier ruhen Kolonialpolitiker, Zuckerbarone und Adlige. *34/35, 64*

Port Louis ㉓ ist Haupt- und Hafenstadt, politisches und kommerzielles Zentrum der Insel und zählt 145 000 Einwohner. Anfang des 19. Jahrhunderts vorübergehend auch «Port Napoléon» genannt, ist die Stadt zum Meer hin durch zwei Felsvorsprünge mit Festungsanlagen geschützt. An einem Kai von 700 Meter Länge wickelt der Seehafen – zusammen mit dem Flughafen Plaisance – den gesamten Warenverkehr des Inselstaates ab. Das Stadtbild von Port Louis ist geprägt von meist ziemlich tristen, oft halbfertigen Zweckbauten, neuerdings aber auch von imposanten Hochhäusern der Air Mauritius, der Nationalbank und einiger heimischer Dienstleistungskonzerne. Wenige gut erhaltene Sakral- und Kolonialbauten, die an die Glanzzeit des Landes erinnern, gehen heillos darin unter – etwa die Kathedrale St. Louis, die Bischöfliche Residenz, das neoklassizistische Stadttheater, der hölzerne Regierungspalast und andere kommerzielle Bauten an der palmenbestandenen, mehrspurigen Prachtmeile zwischen Gouverneurssitz und Hafen.

JOCKEYS, PFERDE UND VIEL GELD

Die Mauritianer lieben Pferde – vor allem, wenn sie deren Namen auch noch auf einem Wettschein finden. Bis zu 40 000 Besucher versammeln sich zu den Renntagen, die zwischen Mai und November auf dem Champs de Mars von Port Louis stattfinden. Das «Marsfeld» ist – nach dem berühmten englischen Ascot – die älteste Pferderennbahn der Welt. Von den Franzosen nach dem Vorbild des römischen Campus Martius für Militärparaden errichtet, wurde es nach 1812 von den Engländern als Pferderennbahn ausgebaut. Der ovale Campus liegt am Ende einer repräsentativen Straße oberhalb von Port Louis an dessen Hausberg. Der Parcours ist nach internationalen Maßstäben angelegt, die Rennspur 1298 Meter lang und 12 bis 14 Meter breit. An den Galopprennen beteiligen sich zehn Reitställe mit über 300 Pferden und Jockeys, die von der weißen Oberschicht finanziert werden und in der Regel aus Südafrika stammen. Die jährliche Turf-Saison ist eine temperamentvolle Volksbelustigung, angeheizt vom Wettfieber der reichen Mauritianer.

Rechts:
Port Louis ist die Hauptstadt und gleichzeitig das Herz von Mauritius. Das Stadtgebiet erstreckt sich zu Füßen der Moka-Berge.

Links: Die wichtigste Gebetsstätte der mauritianischen Moslems ist die Jummah-Moschee, die Mitte des 19. Jahrhunderts im indischen Stil erbaut wurde (oben).

Im Marché Central gibt es nicht nur Obst und Gemüse, sondern auch Kleider zu kaufen (unten).

Links: Eine palmengesäumte Straße führt vom Hafen zum Place Bissoondoyal mit der Statue von Gouverneur Mahé de Labourdonnais, im Hintergrund der Regierungspalast.

Rechts: Moderne Bürohäuser wie dieses Gebäude einer indischen Versicherung bestimmen auch in Port Louis das Stadtbild (oben).

Wenige Schritte vom Regierungspalast enfernt, liegt der Jardin de la Compagne, eine gepflegte, schattige Grünanlage (unten).

Zu den Kleinodien der islamischen Inselarchitektur zählt die märchenhafte *Jummah-Moschee* mit Atrium, Koranschule, Bibliothek und Mausoleum. Von der *Zitadelle* aus hat der Besucher einen aufschlußreichen Rundblick auf die Stadt und ihre immergrüne Umgebung. Was den Besucher von Port Louis jedoch am meisten anzieht, sind die – hygienisch und logistisch bedenklich veralteten – Hallen des *Marché Central* aus dem Jahr 1844. Überwältigend präsentiert sich dort ein Angebot der Fruchtkammer Mauritius, das Überfluß vorgaukelt, wo noch bittere Armut herrscht *(siehe auch Seite 70). 14, 40, 50, 51*

Poudre d'Or ㉔ ist eine typische Ortschaft in der agrarischen Gegend des mauritianischen Nordostens mit seinen ausgedehnten Zuckerrohrpflanzungen. Bei Poudre d'Or fand in den fünfziger Jahren ein Bauer einen Koffer mit Goldstücken; so wird vermutet, daß hier auch das noch nicht lokalisierte millionenschwere Raubgut des berüchtigten Seepiraten La Buse («Bussard») vergraben ist *(siehe auch Seite 28).* In Poudre d'Or erinnert ein Denkmal an den Schiffbruch der «Saint-Géran», die 1744 auf ein Korallenriff auflief und viele Menschen mit in den Tod riß. Die Gemüter auf Mauritius waren damals tiefbewegt, und viele rührend-traurige Legenden ranken sich um dieses Unglück, nicht zuletzt die tragische Liebesgeschichte von Paul und Virginie *(siehe auch Seite 16, 21). 20, 38*

Quatre Bornes ㉕ südlich von → *Rose Hill* ㉖ ist mit rund 75 000 Einwohnern die viertgrößte Inselstadt – eine neuere Ansiedlung, die von der Wirtschaftskonjunktur der letzten Jahre, insbesondere vom Boom der Textilindustrie, begünstigt wurde. Quatre Bornes trägt den Beinamen «Millionärsstadt». Mit vielen Grünflächen macht sie einen wohlhabenden, aufgeräumten Eindruck. Hier werden Feste wie das hinduistische Cavadee-Fest (Januar/Februar) oder das tamilische Feuerlaufen (Oktober bis März) ausgiebig gefeiert. *18/19*

Rose Hill ㉖, etwa 12 Kilometer südlich von Port Louis als Vorstadt wohlhabender Händler erbaut und mit der Schwesterstadt → *Beau Bassin* ① zusammengewachsen. Ausdruck des gehobenen Lebensstils der Einwohner ist das *Plaza Theatre,* ein städtisches Kulturzentrum, das aus Stadttheater, Bibliothek und Ballsaal besteht und 1929 bis 1933 im Stil des Art déco errichtet wurde. Rose Hill beherbergt auch das älteste Postamt des Inselstaates, der mit der «Blauen Mauritius» Briefmarkengeschichte geschrieben hat. Außerdem ziehen drei neugotische, römisch-katholische Gotteshäuser französischer Neusiedler die Aufmerksamkeit auf sich: *Montmarte, Notre Dame de Lourdes* und *St. Jean. 50*

Souillac ㉗. Der kleine Erholungsort im Bezirk Savanne markiert den südlichsten Punkt von Mauritius. Im eindrucksvollen Kontrast zum eher lieblichen Landschaftsbild der nördlichen Küsten ragen hohe Steilklippen über schmalen Stränden ins Meer hinaus. An der höchsten Stelle befindet sich der Aussichtspunkt *Gris-Gris,* darunter wirft sich die See mit gewaltigem Donner gegen die tiefschwarzen Steilwände, die bizarre Höhlen und Dome bilden. Ein großartiges Naturschauspiel bieten die *Rochester Falls:* Vier Kilometer nördlich von Souillac stürzt sich der Savanne-Fluß durch vulkanische Risse und Spalten ins tiefer gelegene Agrarland und bewässert dort das Zuckerrohr. *76*

SPANNENDE BRIEFMARKEN-GESCHICHTE(N)

Die «Rote» und die «Blaue Mauritius»

Selbst wer auf Anhieb nicht ganz genau sagen kann, wo die Insel Mauritius eigentlich liegt, kennt sie: die «Blaue Mauritius». Sie ist nicht nur eine der berühmtesten (und ältesten) Briefmarken der Welt, sondern auch eine der teuersten: Ein Umschlag, den sie zusammen mit ihrem rotorangefarbenen Pendant ziert, erzielte bei einer Auktion 1993 den stolzen Preis von fünf Millionen Mark. Ihre Geschichte ist eine der großen Legenden der Philatelie.

Lady Gomm, Gattin des britischen Gouverneurs von Mauritius, war wohl eine Dame, die mit der Zeit ging. Als sie 1847 einen Empfang gab, beklebte sie die Umschläge, die ihre Einladungen enthielten, mit den ersten, noch druckfrischen Briefmarken, die in Mauritius verkauft wurden. Die Empfänger, die die Umschläge wie so üblich dem Müll anheimgaben – und mehr noch ihre Erben –, mögen sich über ihre Ordnungsliebe sehr geärgert haben. Denn bald schon wurde die Zwei-Pence-«Blaue-Mauritius» zu einer der berühmtesten Briefmarken der Welt, ebenso wie ihre Schwester, die Ein-Penny-«Rote-Mauritius», die eigentlich mehr orangefarben ist. Zwölf blaue und dreizehn rote Marken haben sich bis heute erhalten; sie sind Millionen wert, mehr noch die wenigen Umschläge, die ein rot-blaues Paar schmückt.
Die Geschichte der Lady Gomm, die den größten Teil der ersten Auflage von 500 blauen Marken aufkaufte, ist eine der Legenden, die unter Philatelisten wohlbekannt ist. Hinzu kommen andere, die sich um die verbleibenden (zum Teil ungestempelten) Exemplare des teuren Wertpapiers ranken: Geschichten von Dieben, die versehentlich eine der Mauritius-Marken gestohlen hatten und dann als «wertlos» wegwarfen; oder von kleinen Jungen, die sie auf dem Dachboden fanden und für ein Taschengeld verkauften. Mindestens ebenso amüsant ist aber auch der Grund für den ungeheuren Wert der Marke.

Beide Marken gelten als Fehldruck, oder, genauer gesagt, als ein Irrtum, denn der mit der Gravur beauftragte Kupferstecher hatte – aus Vergeßlichkeit oder Kurzsichtigkeit, wie behauptet wird – die Marken mit der Aufschrift «Post Office» versehen und nicht, wie der ursprüngliche Auftrag lautete, mit «Postage Paid». Heute, da Marken die Aufschrift «Bundespost» tragen, erscheint «Post Office» nicht mehr ganz so unsinnig wie vor 150 Jahren. Damals war die Idee, Briefe mit Marken zu bekleben, erst sieben Jahre alt gewesen. Bis 1840 konnte die Post die Zustellgebühr erst beim Empfänger erheben. Daß der darüber nicht immer glücklich war, kann man sich vorstellen; in wachsendem Maß wurden Briefe zurückgewiesen, und die Post hatte das Nachsehen. So führte man die Briefmarke ein, die damals noch nicht die heutige Selbstverständlichkeit besaß; sie war einfach nur eine Nachricht darüber, daß der Brieftransport schon bezahlt war «Postage Paid», wie es auf der Marke stand. Diesen «Gutschein» für den Transport machte man aus praktischen Gründen so klein, daß gerade der Entwertungsstempel darauf paßte, und daher kommt auch das englische Wort «Stamp». Übrigens wurde erst im Jahr 1847 in England die Maschine erfunden, die die heute geläufigen Perforierungen herstellte. Die Marken mußten jedoch, wie man leicht sehen kann, noch mit der Schere abgeschnitten und mit Leim aufgeklebt werden.

Ulrich Fleischmann

Tamarin (28). Der schöne Badeort an der Westküste gilt als Dorado für Surfer und Strandsegler. Vor der Tamarin-Bucht ist der Gürtel der Korallenriffe um Mauritius unterbrochen, und die Brandung bricht sich unmittelbar am Ufer. Das »Matterhorn« von Mauritius, der 777 Meter hohe *Rempart*, erhebt sich in majestätischer Distanz. Der Küstenabschnitt wird auch durch seine Salzgärten (zur Salzgewinnung) geprägt. Auch das Lagunenwasser hat hier einen hohen Salzgehalt und bringt den an Schuppenflechte Leidenden Linderung.

Triolet (29) ist eine langgestreckte Ortschaft zwischen Hauptstadt und Nordkap mit überwiegend hinduistischer Bevölkerung. Am nördlichen Ortsausgang steht der Hindutempel *Shivalah*, einer der opulentesten Sakralbauten in Mauritius. Die drei Tempelflügel sind mit Götterstatuen verziert und farbenfroh dekoriert. Die Vegetation um Triolet mit mächtigen Banyan-Bäumen und Flamboyants ist eindrucksvoll.

Trou aux Biches (30). Der Badeort nordwestlich von → *Triolet* (29) hat einen weitläufigen Küstenstreifen, gesäumt von Filao-Wäldchen, die den Badenden Schatten und Regendach zugleich bieten. Die Hauptsehenswürdigkeit aber ist das nahe gelegene *Aquarium*, etwas abseits der durchgehenden Küstenstraße (Royal Road) nach Pointe aux Piments. In haushohen Bassins wird hier die farbenprächtige Unterwasserwelt des Indischen Ozeans lebendig. Sie sind bevölkert von 200 Fischarten, wirbellosen Tieren, Meeresschildkröten, lebenden Korallen und Schwämmen, die aus mauritianischen Gewässern stammen. Jeden Tag strömt in einem ständigen Kreislauf eine Million Liter frisches Meerwasser durch die 36 nach oben unbedeckten Bassins. Der Eintritt kostet nur eine geringe Gebühr (Tel. 2 61 61 87).

Trou aux Cerfs (31) heißt der Vulkankrater bei → *Curepipe* (8), etwa 650 Meter über dem Meeresspiegel. Auf dem 300 Meter langen Kraterrand verläuft ein befestigter Weg, auf dem sich die Krateröffnung per pedes oder mit dem Auto umrunden läßt. Hier wird die vulkanische Herkunft der Insel besonders deutlich, und es liegt dem Besucher nicht nur Curepipe, sondern die ganze Insel malerisch zu Füßen.

Trou d'Eau Douce (32). Einkaufsstädtchen mit kraterreicher Umgebung, und einer Kirche aus Lavagestein, wird vor allem vom christlichen Bevölkerungsteil bewohnt und ist Ausgangspunkt für die Überfahrt zur → *Ile aux Cerfs* (16), dem beliebten Ausflugsziel der Einheimischen. *49*

Vieux Grand Port (33). An der Stelle dieses idyllischen Ortes an der Bucht von Mahébourg lag früher der alte Haupthafen von Mauritius, der durch die sogenannte South Entrance im Korallenriff mit dem offenen Meer unmittelbar verbunden war. Hier gingen die Holländer im Jahr 1598 an Land und besiedelten als erste Europäer die Insel Mauritius dauerhaft. Die Ruinen der Befestigungs- und Verteidigungsanlagen, die pittoresken Kolonialbauten und ein Friedhof stammen allerdings erst aus der späteren französischen Epoche.

Ein Treffpunkt für passionierte Tiefseefischer ist die *Domaine de Pêcheur*. Hochtechnisierte und wendige Doppeldeckboote mit fünf Anglerplätzen laden das ganze Jahr über (Hauptsaison: November bis April) zum »Fischen im Hemingway-Stil« ein. Sie durchqueren das Riff durch die Ostpassage und machen auf hoher See Jagd nach dem Schwarzen oder Blauen Marlin, nach Thunfisch, Barrakudas, Mako-Haien und anderen Fischen. Wem es gelungen ist, einen über 500 Kilogramm schweren und über drei Meter langen Raubfisch an die Angel zu bekommen, der muß sich auf einen stundenlangen Kampf gefaßt machen. Was Gewicht und Größe der Fische anlangt, hält Mauritius einige Weltrekorde im Hochseefischen. Die Domaine de Pêcheur ist nur einer von etwa zehn Anglerklubs.

Links: In Triolet steht der 1857 errichtete Shivala-Tempel, das älteste hinduistische Bauwerk der Insel (oben).

Trou aux Cerfs ist einer der 30 Vulkankrater, die noch heute auf der Insel zu sehen sind (unten).

Rechts: Die markante Spitze des Mont Rempart erinnert an das Matterhorn.

Die Farben der «Terres de Couleurs» im Südwesten von Mauritius sind durch Oxidation entstanden.

Eine «Flotte» von Katamaranen am Strand der Ile aux Cerfs.

Vom Strand von Belle Mare blickt man auf die Ile aux Cerfs.

Zum Wasserfall der Grande Rivière Sud-Est südlich von Belle Mare kommt man nur mit dem Boot.

ZUR SCHNELLEN ORIENTIERUNG – STICHWORTVERZEICHNIS

Kursive Seitenzahlen verweisen auf Abbildungen.

Bambou Mountains *73*
Beau Bassin 71, 79
Beau-Champ *66*
Belle Mare *13*, *24*, 63, *67*, 68, *68*, 71, *86*
Bernardin de Saint-Pierre, Jacques-Henri 16, *20*, 21, 22 f.
Bevölkerung 25, 31, *32*, *33*, 65
«Blaue Mauritius» 79, *79*
Blue Bay 63, 71
Bois Cherie *65*
Briefmarken 69, 79

Cap Malheureux *67*, 68, 71, *71*
Cascade Chamarel 71
Casela Bird Park 71
Cassis *44*, *46/47*
Cavadee-Fest 45, *45*, 50, 79
Centre de Flacq 71
Chamarel 54, 71 f., *72*
Champs de Mars *14*, 69, 77
Chinesen 38, *40*, 45, 66
Christen *60/61*, 66, 74
Club Méditerranée 68
Coin de Mire 71, *71*
Commonwealth of Nations 31, 33, 66
«Coolies» 033, 39
Curepipe *21*, *51*, 72, *72*, 73, 76, 80

Diego-Garcia-Atoll 54
Dodo 22, 36, *36*, 64, 71
Domaine d'Ylang 72
Domaine de Pêcheur 69, 80
Domaine du Chasseur *56/57*, 72, *73*
Domaine Les Pailles 69, 76

Bougainvillea-Blüten.

Feste 45, *45*, 50, *67*, 73, 79
Fischfang *22*, 74
Franzosen 14, 28, 33, 73

Gomm, Lady 79
Goodlands 72
Grand Baie *23*, *31*, *48*, 67, 68, 72 f.
Grand Bassin 45, 51, 73
Grande Rivière Sud-Est *86*
Gris-Gris 79

Hindus *42/43*, *44*, *46/47*, 50, 73
Hochseeangeln *22*, *23*, *69*, 80
Hochzeiten 68
Holländer 12, 14, 80

Ile aux Bénitiers 63, 76
Ile aux Cerfs *2/3*, *29*, 63, 69, 73, 80, *82/83*, *84/85*
Ile de l'Est 73
Inder 23, 25, 30, *32*, *33*, 36, *40*, 41, 48, 50 f.
«Isla Mauritia», Gaffelschoner *23*, 67

Swimmingpool oder Lagune: Mauritius ist eine Insel für Wasserratten.

Engländer 12, 14, 28, 33, 73
Entdeckungsgeschichte der Maskarenen 12, 14 f.
Eureka 72, *73*

Jagd *56/57*, 72

Kolonialzeit *39*, *50*, *51*, 71, 76

Korallenriffe *24*, *52*, *30*, 53, *53*, 63, 74
Kreolen *12*, 25, 30, *33*, 38, *39*, 41, 66
Kulinarisches *17*, 69, 70
Kunsthandwerk 73, 76

«La Buse» siehe Surcouf, Robert
La Val 73
La Vanille 73
La Nicolière, See *76*
Lage und Größe 62
Landschaften 62
Le Pouce 62, *62*
Leclercq, Jacques 76

Maha-Shivaratree-Fest 45, 73
Mahé de Labourdonnais 14, 16, *51*, 73, 76, 77, *78*
Mahébourg 69, 73, 76, *76*
Mare aux Vacoas 76
Mascarenhas, Pedro 12, 36, 74
Maskarenen 12
Miniaturschiffe *49*, 72
Moka-Berge *73*, *78*
Mont Rempart 62, 80, *80*
Moritz von Nassau 12
Morne Brabant *14*, *22*, *23*, 63, *69*, 76
Moslems 36, 38, 45, 66, *78*

Ostindien-Gesellschaften 12, 14, 28, 76

Pamplemousses 76 f.
– Botanischer Garten 23, *34/35*, *64*, 76, 77, *77*
Paul und Virginie 16, *20*, *21*, 21, 22 f., 79
Pferderennen *14*, 69, 77
Pflanzenwelt *16*, 64, *64*, 73
Piraten 12, 16, 22, 28, 79
Piton de la Rivière Noire 71, 72
Pointe Coton *54*, *74*, 75
Politik 30 f., 33, 36, 39, 41, 66
Port Louis 22, *40*, *50*, *51*, 62, 69, 70, 73, 74, 77, *78*, 79
Port Mathurin *60/61*, 74, 75, *75*
Portugiesen 12
Poste de Flacq *4/5*, 71, *71*
Poudre d'Or *20*, *38*, 79

Quatre Bornes *18/19*, 79

Rochester Falls *76*, 79
Rodrigues *8/9*, 12, 54, *54*, *55* 63, 66, 74 f.
Rodriguez, Diego 74
Rose Hill *50*, 71, 72, 79

«Saint-Géran» 16, *20*, 79
Salzgewinnung *30*, 80
Séga 25, 30, *58*
Sklaven 14 f., 16, 22, 33, 66, 73, 76
Souillac *76*, 79
Souvenirs 69, 70, 73
Sprachen 23, 25, 38 f., 41, 65, 66
Strände *2/3*, *4/5*, *13*, *24*, 63, 75
Surcouf, Robert («La Buse») 28, *28*, 79

Am Markt von Quatre Bornes.

Tamarin 80
Tamilen 36, 41, 45, 50
Tempel, hinduistische *44*, *46/47*, 50, *71*, 80, *80*
Terre Rouge *59*
«Terres de Couleurs» 72, *81*
Tierwelt 36, 64, *64*, 71, 73
Triolet 80, *80*
Trou aux Biches 63, 80
Trou aux Cerfs 80, *80*
Trou d'Eau Douce *49*, 73, 80

Unabhängigkeit 30 f., 66
Unterwasserwelt 25, 53, 80

Vieux Grand Port 69, 80
Vulkanismus *10/11*, 12, 48, 80

Wassersport *23*, *25*, 53, 63, 69, 73
Windjammer *23*, 67

Ylang-Ylang-Baum *39*, 72

Zentralplateau *10/11*, 62
Zuckerrohr 14 f., 22, 31, *37*, *38*, 48, 71, 79
Zyklone 58, 65

Fritz Dressler,
geboren 1937 in Potsdam. Studium der Fotografie. Professor an der Hochschule für Kunst und Musik in Bremen. Zahlreiche Veröffentlichungen, im Verlag C. J. Bucher u. a. Bildautor der Panoramabildbände «Der Norden» und «China». Lebt in Worpswede.

Ulrich Fleischmann,
geboren 1938 in Rothenburg o. T. Studium der Romanistik, Soziologie und Ethnologie. Professor für Romanische Kulturwissenschaften in Berlin. Im Verlag C. J. Bucher u. a. Autor der Bildbände «Portugal» und «Karibische Inseln». Lebt in Berlin.

Eberhard B. Freise,
geboren 1941 in Rostock. Nach Studien zum Drs. disc. pol. in Freiburg, Amsterdam und den USA tätig für die Wochenzeitschrift «Der Spiegel» und «Die Welt», danach Chefredakteur mehrerer Fachzeitschriften. Lebt in Gnesau/Kärnten.

Jeder Band 88 Seiten, durchgehend farbig, mit über hundert Abbildungen, anregenden Texten und vielen Tips; die Reihe «Jenseits des Ozeans» lädt ein zur Traumreise:

TEXTNACHWEIS

Mark Twain: Following the Equator, 1897; in deutscher Übersetzung erschienen bei: Hoffmann und Campe Verlag, Hamburg 1965: S. 1.

Jacques-Henri Bernardin de Saint-Pierre: Paul und Virginie. Weimar 1916: S. 21.

Herbert Wendt: Auf Noahs Spuren. Die Entdeckung der Tiere. Hamm 1956: S. 36.

Eberhard B. Freise schrieb den Themen-Essay «Insel im Aufbruch: Rodrigues», S. 74 f. Alle übrigen Themen-Essays stammen von Ulrich Fleischmann.

BILDNACHWEIS

Agence de Coopération Culturelle et Technique, Paris: S. 66 o.
Archiv für Kunst und Geschichte, Berlin: S. 36.
Bayerische Staatsbibliothek, München: S. 21 o.
Herzog Anton Ulrich-Museum, Braunschweig: S. 28 u.
Interfoto-Pressebild-Agentur, München: S. 79.
IKAN Unterwasserarchiv, Helmut Debelius, Frankfurt/M.: S. 53 (3).
IPA, Robert Gabor, Rastatt: S. 45 (3).
Jens Meier, Bremen: S. 6, 21 u., 62, 64 (2), 65, 69 r. o., 71 r., 72 M. o., 76 l. o. und r. M., 77 l. u., 80 l. o. und r.
Roger-Viollet, Paris: S. 28 o.

Alle übrigen Abbildungen stammen von Fritz Dressler, Worpswede.

Die Karten auf Seite 63, 65, 74 und 77 zeichnete Astrid Fischer-Leitl, München.

Vor- und Hintersatz: Bootsausflug auf der Lagune vor Mauritius. Seite 1: Am Strand von Belle Mare.

Alle Angaben dieses Bands wurden von den Autoren sorgfältig recherchiert und vom Verlag auf Stimmigkeit und Aktualität geprüft. Allerdings kann keine Haftung für die Richtigkeit der Informationen übernommen werden. Für Hinweise und Anregungen sind wir jederzeit dankbar. Zuschriften bitte an den Verlag C. J. Bucher, Lektorat, Goethestraße 43, 80336 München.

Wir danken allen Rechteinhabern und Verlagen für die Erlaubnis zu Nachdruck und Abbildung. Trotz intensiver Bemühungen war es nicht möglich, alle Rechteinhaber zu ermitteln. Wir bitten diese, sich an den Verlag zu wenden.

Danksagung: Für die mehrfache intensive Unterstützung danken wir Roselyne Hauchler vom Mauritius Government Tourist Office (MGTO), Werner C. Prellwitz vom Mauritius Informationsbüro Frankfurt und der Air Mauritius, München. Fritz Dressler und Eberhard B. Freise.

JENSEITS DES OZEANS: MAURITIUS

Konzeption: Axel Schenck
Lektorat: Eva Ambros
Bilddokumentation: Gefion Radebold
Graphische Gestaltung: Werner Poll
Herstellung: Angelika Kerscher, Kristina Kaiser

Technische Produktion: OK Satz GmbH, Unterschleißheim
Litho: L & G Tausend GmbH, München
Druck und Bindung: Offizin Andersen Nexö GmbH, Leipzig

© 1995 by Verlag C. J. Bucher GmbH, München
Alle Rechte vorbehalten
Printed and bound in Germany
ISBN 3 7658 1050 9